マーケティングを活用した港まち再生と観光開発

第2ゴールデンルート瀬戸内「創造的内海」

松本　英之

大阪公立大学共同出版会

大阪港 〜船、菱垣廻船、天保山まつり〜 （2017 年筆者撮影）

広島港から江田島到着 （2019 年筆者撮影）

江田島からフェリーで呉へ（2019 年筆者撮影）

シェアサイクル社会実験のセレモニー

目　次

第Ⅲ章　瀬戸内海沿岸域における
　　　　ニューツーリズムと着地型観光

第Ⅳ章　港町の再生戦略
—— 歴史的旧港・新港モデル ——

第Ⅴ章　大阪から始まる第2ゴールデンルート瀬戸内

第Ⅵ章　体験型観光・サイクルツーリズム

は じ め に

　2020（令和2）年に新型コロナウィルス感染が進行する中、インバウンドが急減し、日本国内においても観光およびサービス消費は急速に落ち込んでいる。特に、宿泊・飲食業および運輸サービスは、インバウンド消費の依存度が大きく、ほかにもすそ野の広い観光サービス関連産業への影響が懸念される。資本主義における「より速く」「より遠く」「より科学的に」といったグローバル経済が世界の国々に与える影響の負の側面を図らずも露呈している。

　都市間交流による交流人口増大が世界経済に大きな影響を与えていることは、今回の新型コロナウィルスの拡大による世界経済の減速をみれば明らかである。

　2019（令和元）年観光白書によれば、日本国内における旅行消費額は日本人の旅行消費額が8割以上を占めており、インバウンドによる旅行消費額4.5兆円（全体比17.3%）に過ぎない（図0-1）。

　今後は、日本人の多世代による旅行の多様化および活性化により、日本人の

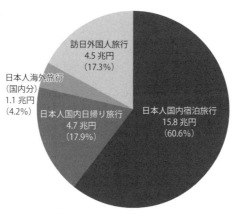

図 0-1　日本国内における旅行消費額（2019 年）
（国土交通省資料に基づき筆者作成）

1

旅行需要の拡大が急務である。一方で、インバウンドにおいては、アジア諸国だけでなく、欧米などを中心とした多くの国々からの旅行需要を喚起することが必要である。

　そこで、これまでの日本の観光政策が地方創生に十分寄与しているかどうかを再度検証することで、今後の観光政策の視座に取り入れたいと考えている。

　2003（平成15）年、当時の小泉純一郎内閣の「観光立国宣言」以降、経済波及効果の大きい観光は、成長産業として注目されてきた。その後、2006（平成18）年に「観光立国推進法」が成立したことで、魅力ある観光地づくりと国際および国内観光の振興をかかげ、日本は観光立国を目指すことになった。

　国際観光には、アウトバウンド（自国民の外国旅行）とインバウンド（外国民の自国観光）とがある。インバウンドは外貨を獲得でき、輸出に相当するため、産業空洞化が進行する我が国で、経済効果が高いものとして特に期待がかかる。

　日本政府観光局（JNTO）によれば、2017（平成29）年のインバウンドは、前年比19％増の2,869万人で、2012（平成24）年から2017（平成29）年までの5年間で3.4倍増加している。

　インバウンド増加の要因は、ビザ発給要件の緩和、外国人旅行者向け消費税免税制度の拡充、円安、それにLCC就航などが挙げられる。また、グローバル経済の中で、アジア経済の成長とそれに伴う購買力の向上も、インバウンド効果として日本の経済に大きく寄与している。

　アジアの中でも日本により近い中国、韓国、台湾および香港からのインバウンドは特に増加しており、2017（平成29）年には、前年比21.9％増の2,129万人となり、初めて2,000万人を超えた（国土交通省2017（平成29）年観光白書）。同年のアジア全体からのインバウンドは、2,434万人で前年比21.1％増である。そして、インバウンド全体におけるアジアの占める割合は84.8％に達した。

　2018（平成30）年12月に、インバウンド数は3,000万人を達成し（2018（平

成30）年12月19日国土交通省田端長官会見資料）、過去最高を記録した。2021年には東京オリンピック・パラリンピック競技大会、また2025（令和7）年の大阪・関西万博と、今後、複数の大規模イベントの開催が予定されており、訪日外国人のさらなる増大が期待される。当面は、2021年の東京オリンピック・パラリンピックに向けて、国内全体でより多くのインバウンド客を取り込む努力が重要である。

　国の掲げる目標は高く、今後のインバウンドについては、2020（令和2）年には年4,000万人、2030（令和12）年には6,000万人を目指している。とはいえ、この目標を達成することは、容易ではない（前者については、コロナ禍によってほぼ不可能）。

　地域活性化を考える時、そのエリアの持つ風土や環境が重要となる。成功事例を紹介したい。

　2012（平成24）年に開催されたロンドンオリンピックでは、イギリス政府は国内外の連携に注力し、統一されたメッセージ "This is Great" を発信した。また同時に政府は、"Sports is Great, Countryside is Great" のメッセージで観光にも注力し、イギリスに着地型観光を根付かせることで観光立国化を目指した。つまり、オリンピックを単なるスポーツイベントで終わらせず、イギリス固有の文化を観光資源として活用することで、地域経済を活性化することに成功したのである。

　日本の各地方の地域経済において、新産業として観光、特にインバウンドに対応することは重要な課題の一つである。同時に、国内の交流人口を増やし、地域経済を活性化するためには、観光の個人化・趣味化が観点であるニューツーリズムにも注目したい。

　世界的な観光立国に向けた政策として、文化、芸術、スポーツといった各分野を活用して都市の魅力を創造することで、世界中から人・モノ・投資などを呼び込むことができる。その結果、交流人口の増加により、一極集中する東京

以外の地方においても、地域経済活性化が実現するだろう。

ゴールデンルート

　我が国におけるインバウンドの実態として、代表的な特定の旅程に集中するという著しい特徴がある。

　このことについては本書の第Ⅰ章で検討するが、現在訪日客が集中するのは、〈東京－東海道（富士山）－京都－大阪〉をたどるルートである。これがいわゆる「ゴールデンルート」と呼ばれているものである。

　観光では、限られた時間内に、観光客が最大の効用を得るために、パッケージ化、すなわち回遊計画が非常に重要である（小長谷（2016）ほか）。今後は、ゴールデンルートに続く新しい観光ルートを確立するために、都市間連携および地域間連携が必要である。そこで、本書では、瀬戸内に古くからある港・船文化に着目し、大阪からはじまる「第2ゴールデンルート瀬戸内」という概念で検討をおこなう。

　現在瀬戸内エリアでは、旧港・港町を中心として、歴史・産業遺産を活用した街づくりが試みられ、都市文化の創造と観光産業の育成に注力している。本研究では、都市アメニティ・文化的寛容性の観点から、瀬戸内海の旧港・港町に特に着目した。瀬戸内海には独特の環境と文化そして歴史がある。

　日本は四方を海に囲まれた海洋国家であり、港の文化、船員文化が国家の物流を支えてきた。瀬戸内エリアでは、旧港・港町が単なる古い物流拠点としてではなく、都市における観光拠点となる可能性を有している。観光が地域活性化の重要な戦略となった現在、マーケティングを活用し、地域（観光）をデザインしていくことが、「地域全体」「地域事業者」「消費者（来訪者）」との相互関係を構築し、地域の発展につながると考える。

第 I 章

日本の観光の現状

──インバウンドと第1ゴールデンルート──

1．インバウンドの現状

（1）インバウンド（訪日外国人旅行者）の規模

　観光立国の実現は、日本再興戦略にも盛り込まれており、インバウンドの目標を2020年（令和2年）に4,000万人、2030年（令和12年）に6,000万人と定めている。

　2018（令和元）年のインバウンドは、過去最高の3,119万人（前年比8.7％増）と、6年連続で過去最高で、また初めて3,000万人を突破した（図1-1）。インバウンドの内容を見てみると、アジアからの旅行者2,637万人（前年比8.3％増）が、インバウンド全体を占める割合の84.5％である。日本と韓国やタイなどの諸国間の航空便およびクルーズ客船運行の増加が、インバウンド増加に寄与している。東アジアにおいては、中国が13.9％の伸び率で800万人を超えた。そして、中国、韓国、香港、台湾で7.5％増の2,288万人であり、東アジアからの来訪者が初めて2,000万人を超えた前年度（2,129万人）をさらに上回った。東南アジアでは、ASEAN（東南アジア諸国連合）の主要6ヶ国

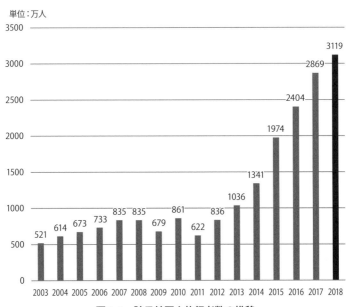

単位：万人

図 1-1　訪日外国人旅行者数の推移
（国土交通省資料に基づき筆者作成）

（インドネシア、タイ、シンガポール、マレーシア、フィリピン、ベトナム）の合計が 333 万人で初めて 300 万人を超えた。うち、タイでは初めて 100 万人を超えた。欧州からのインバウンドは、172 万人、うち主要 5 か国（イギリス、フランス、ドイツ、イタリア、スペイン）では 112 万人である。北米からは、186 万人、うちアメリカは 153 万人である。アメリカは初めて 150 万人を超えた。オーストラリアは 55 万人、南米 10.5 万人、アフリカが 3.8 万人である。
（2019（令和元）年国土交通省観光白書参照）

（2）インバウンドにおける観光消費額

　インバウンドによる日本国内での観光消費額は、2012（平成 24）年以降急速

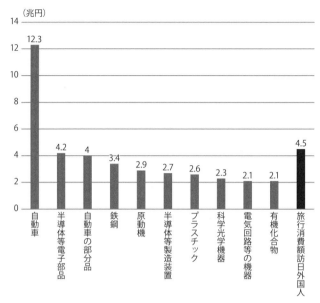

図 1-2　訪日外国人旅行消費額と製品別輸出額との比較（2018 年）
（国土交通省資料に基づき筆者作成）

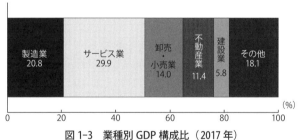

図 1-3　業種別 GDP 構成比（2017 年）
（経済産業省資料に基づき筆者作成）

に拡大しており、2017（平成 29）年は 4 兆 4,162 億円で、2018（平成 30）年には、4 兆 5,189 億円となり、2012（平成 24）年の 1 兆 846 億円の 4.2 倍に拡大した。現在の日本の基幹産業である自動車産業の製品輸出額約 12 兆円という

市場規模からみても、インバウンドが日本の産業の中で大きなウェートを占め始めていることがわかる（図1-2）。また、図1-3の、2017年の業種別GDPの構成比からも確認できるだろう。人口が高齢化・減少する日本において、インバウンド市場が経済面で様々な産業に派生し、新しいマーケットを開発・開拓している。

　2007（平成19）年に観光立国推進基本計画がスタートし、その後インバウンドが急増した最大の要因は、ビザ発給要件の緩和とそれに伴う格安航空の出現であろう。外務省は、フィリピン、インドネシア、ベトナム、インドそしてミャンマーに対して2014（平成26）年に、また中国に対しては、2015年と続く2016年の2度にわたり、いずれもビザの発給要件を緩和した。その後、インドとベトナムには、2016（平成28）年に再度条件を緩和した。

　コロナ後においてもインバウンド観光消費額を伸ばすためには、様々な課題解決が必要である。たとえば、2017（平成29）年のインバウンドにおける1人当たりの観光消費額は15万3,421円で、前年比の1.3%減である。これは、アジアからの来訪者は比較的滞在日数が短いために、1人当たりの旅行支出が少ないことによるものと考えられる。このことは、2017年（平成29）年の、もっとも近い韓国からの来訪者前年比40.3%増が、上の「法則」を証明していると言えるだろう。
（2018（平成30）年および2019（令和元）年国土交通省観光白書参照）

2．ゴールデンルートとは

（1）ゴールデンルートの定義

　我が国におけるインバウンド客の旅程には、特定の代表的な場所に集中するという著しい特徴がある。これがいわゆる「ゴールデンルート」とよばれてい

る旅程である。現在では、〈東京－東海道（富士山）－京都－大阪〉というルートに訪日客が集中しており、特にこれを「第1ゴールデンルート」と称している。

　第1ゴールデンルートにおける観光行動は、「見る」「買う」「食べる」の「観光3要素」（小長谷）であり、特に、中国人観光客による「爆買い」はよく知られるところになった。この第1ゴールデンルートは、言うまでもなく大都市圏を巡るルートであるが、今後、インバウンド消費の地方分散は重要課題であり、新しい主要観光ルートの確立が急務である。

第1ゴールデンルートの研究

　ここで、「ゴールデンルート」なるものが実際にあるのかどうかを検証したい。以下、「第1ゴールデンルールート」の存在を証明した5つの研究を挙げる。

①崔（2010）

　　国際観光市場が厳しいなかで、2016（平成28）年6月に新成長戦略が閣議決定され、日本のインバウンド市場において、アジアは最重要市場と位置付けられた。その結果、「ビジットジャパン」事業（VJ）（訪日外国人旅行者の増加を目的とした事業。JNTOが政府観光局という専門的かつ中立的な立場を活かし、VJの実施においてはJNTOの海外事業所が各市場の最前線で中核的な役割を担っている。（日本政府観光局ホームページより））の重点市場を中国、韓国、台湾、香港とし、その中でも中国市場を最も重要な市場とした。崔は、その中国人観光客の多くが、東京・大阪間のゴールデンルートに集中していると分析する。特に、団体観光客の多くは、飛行機でのパッケージツアーかクルーズツアーであり、共に東京・大阪間のゴールデンルートが組み込まれ、さらにその主流は、6日間コースであるという。また、2009（平成21）年には個人観光ビザ発給要件が緩和されて、4、5日間の東京滞在が若者に人気となったと述べる。そして崔は、中国人団体観光客の典型を以下のように分析している。

［1日目］中国東北部から成田空港、［2日目］東京都内へ移動して観光、［3日目］東京都内観光のあと横浜を経由し河口湖で宿泊、［4日目］山梨や箱根、富士山を観光して名古屋へ、［5日目］京都観光のあと関西国際空港近辺に宿泊、［6日目］帰国。

②山本・根木（2014）

　山本と根木は、崔が述べた、典型的なゴールデンルートの旅程を逆にたどる例をあげている。2010（平成22）年に中国人観光客向けのビザ発給要件緩和に伴い、中国人観光客のインバウンド需要が拡大した。日本政府観光客（JNTO）によれば、特に需要が拡大しているのは、〈関西国際空港 – 大阪 – 京都 – 富士山 – 東京 – 成田国際空港〉の順に巡る観光ルートであり、山本と根木は、この「ゴールデンルート」は中国人観光客に最も認知された人気観光ルートであると述べる。

③古屋（2016）

　古屋はここで、訪日外国人観光客全体の行動について、旅行者の国籍および地域によって観光行動が異なると考え、欧米・豪州とアジア各国で比較している。具体的には、欧米や豪州では「東京のみ」と「東京・京都・大阪」、ときにこれらに広島を加えた、いわゆるゴールデンルートの訪問の割合が高く、これに対し、アジア諸国のうち、シンガポールとマレーシアでは北海道の割合が高いと見る。これは、自国にない「冬」や「雪」へのニーズであると分析する。韓国においては、その近接性から九州周辺の訪問パターンが多く、中国ではゴールデンルートに集中する。このように、国により差異が確認できるとし、さらに台湾においては、訪日回数の増加に伴い、「北海道」「南関東」「京都・大阪・奈良・兵庫」のパッケージが減少するのに対し、「東京のみ」や「大阪・京都」「北東北・東京」が増加していることを示している。

　また、国土交通省に認定された広域周遊ルートの中から、瀬戸内海の
ルートを取り上げ、中国・四国7県（兵庫県・岡山県・広島県・山口県・
徳島県・香川県・愛媛県）の観光振興については、九州地方の観光テー
マとの連携の必要性と、従来から比較的九州への訪問パターンが多い国
である米国、オーストラリアそして英国などを、瀬戸内海ルートのター
ゲットにすることの必要性も述べている。そして、中国・四国地域の限
定ではなく、「京都・大阪」との、さらにはゴールデンルートとの連携を
生み出す広域プロモーションが必要である、と述べる。

④古屋、岡本、野津（2017）

　観光の広域連携プロモーションにおいて、古屋、岡本、野津は、訪問
地の組み合わせパターンを分析した。以下にまとめる。

　　　第1パターン　　東京のみ　47%

　　　第2パターン　　京都（京都を重点的に、そこに大阪）　18%

　　　第3パターン　　関東近隣（東京・箱根・富士山・軽井沢・日光）
　　　　　　　　　　　14%

　　　第4パターン　　ゴールデンルート（東京・名古屋・昇龍道・京阪
　　　　　　　　　　　奈・広島など）　11%

　　　第5パターン　　北海道の自然文化の体験　6%

　　　第6パターン　　九州・沖縄　4%

これ以外の、東北や四国地方は明確には抽出不可能であるとする。

⑤新井（2017）

　新井は、インバウンド観光の特徴について、その訪問地や宿泊地、そ
れに伴う観光消費は特定のエリアや大都市に偏在しており、そのことか

ら、インバウンドの範囲の拡大と、その効果である地域振興は、今後も可能であると述べる。デービッド・アトキンによる「新・観光立国宣言」の中から、インバウンドを多く集める観光大国の条件として、「気候」「自然」「文化」「食事」の４つが重要であり、日本は観光立国として潜在能力は高い、という言説を引いている。また新井は、九州は、いち早くアジアのインバウンドをターゲットにDMO九州推進観光機構（DMOとは、Destination Management/Marketing Organization の略称。観光地域づくりを持続的戦略的に推進・牽引する法人）を発足させたことを挙げている。これは、2005年４月に設立された「九州観光戦略」の実行組織で、九州地域戦略会議を行う。九州理事会、九州経済連合会、九州商工会議所連合会、九州経済同友会、九州経営者協会で構成され、2018年３月に観光庁から「日本版DMO法人」として認定されている。そしてこのことが、九州各地の広域連携を可能とし、「体験・交流」型の観光振興に寄与したと述べる。

　上の５つの研究から、以下の２点が明らかとなるだろう。
　まずは、東京−東海道（富士山）−京都−大阪〉を中心とした「第１ゴールデンルート」は確実にある、ということ。次に、第１ゴールデンルートに加えて、瀬戸内地域に旅程を取るパターンも萌芽的にみられる、という点である。
　このことをふまえ、本書では以降、関西（大阪）からこの瀬戸内を回るルートを「第２ゴールデンルート」とよび、その地域を回遊する観光振興の可能性が高まりつつあることを分析し、第２ゴールデンルート観光構想を展開する。

第2ゴールデンルートの可能性

1．第2ゴールデンルートに向けての課題

　2017（平成29）年にインバウンド2,869万人を達成したが（2018（平成30）年国土交通省観光白書参照）、2020（令和2）年（現実的には2020年以降）のインバウンド4,000万人、観光消費額8兆円達成は必ずしも容易ではない。これまでは世界経済の持続的な回復やアジア諸国の急速な経済成長により、グローバル経済が良好であった。これに伴い、ビザ発給要件の緩和や、インバウンド向け消費税免税制度など、来訪者の消費行動につながるタイムリーな政策が実行されてきた。しかしながら、2014（平成26）年から2015（平成27）年に話題となった、おもに中国からの観光客による「モノ消費」である「爆買い」はその後、体験型観光である「コト消費」へと移行した。スマートフォンに代表されるICTの進化が、来訪者のニーズを多様化させたと言ってもいいだろう。「コト消費」への移行は、顧客経験価値の向上であり、「モノ消費」以上に、来訪者と地元が情報、時間、空間を同時に共有することが可能となる。地元からもまた、ICTを活用することで、世界中に情報発信することが容易になったことも重要である。

また、達成目標とは別に、日本を訪れる外国人観光客は年々増加しており、これからは中国、韓国、台湾、香港などの近隣諸国からだけではなく、欧米その他からの訪日客、さらにはそのリピーターを獲得・増加させることも重要である。欧米などからの来訪者は、滞在日数がアジアからの来訪者よりも長いことはデータで確認されている。滞在日数が長くなれば、日本国内での移動距離が必然的に伸びる。滞在日数と移動距離の延長は、現在のインバウンド観光消費額である平均約 15 万円から、たとえば 20 万円への増加が期待できる。

　また、アジア、欧米ともに、リピーターの増加が、観光消費額の増加にも寄与する。

　そこで本研究では、新しい観光ルートの開発および発掘に着目する。ここまで何度も述べた、東京・京都・大阪の、いわゆる「第 1 ゴールデンルート」だけではなく、今後 2021（令和 3）年に開催予定の東京オリンピック、2025（令和 7）年大阪・関西万博の開催を迎えるに当たり、日本全体でより多くのインバウンドを取り込むためにも、広域観光周遊ルートである「第 2 ゴールデンルート瀬戸内」の開発および地域間連携が急務である。

　繰り返しになるが、訪日外国人が好む主要観光ルートは、〈成田 or 羽田－東京－箱根－富士山－京都－大阪－関西国際空港〉のルート、もしくはこれと逆の、〈関西国際空港－大阪－京都－箱根－富士山－東京－成田 or 羽田〉のルートであり、これがいわゆる第 1 ゴールデンルートである。

　次に示す二つの表は、2013 年から 2018 年までの、第 1 ゴールデンルートおよび第 2 ゴールデンルートにおける延べ宿泊者数の推移である。

　言うまでもなく、第 1 ゴールデンルートがいかに突出しているかがわかる。

　新たな観光ルートの確立は、新たな地域資源の発掘であり、インバウンドによる外貨獲得だけでなく、地域活性化につながる。またこれこそが、冒頭に記した、2020（令和 2）年（以降）のインバウンド観光消費額 8 兆円、インバウンド旅行者数 4,000 万人、そして 2030（令和 12）のインバウンド観光消費額 15 兆円、インバウンド旅行者数 6,000 万人、という目標達成のために必要な、

第1ゴールデンルート

延べ宿泊者数（総数）の推移　（外国人及び日本人）※すべての宿泊施設

	2013（人泊）	2014（人泊）	2015（人泊）	2016（人泊）	2017（人泊）	2018（人泊）
東京都	49,189,870	52,824,060	54,258,780	59,087,920	59,949,670	66,109,060
静岡県	20,286,510	20,923,330	21,022,570	22,530,110	20,778,710	21,861,980
京都府	16,240,750	20,087,510	16,986,760	18,255,030	18,921,720	20,450,740
大阪府	23,343,620	23,881,430	28,369,250	30,366,080	33,212,480	39,897,970
兵庫県	12,353,120	13,226,080	13,759,210	14,163,920	13,800,590	13,392,000
奈良県	2,230,560	2,480,220	2,270,170	2,552,560	2,654,380	2,572,170

第2ゴールデンルート

延べ宿泊者数（総数）の推移　（外国人及び日本人）※すべての宿泊施設

	2013（人泊）	2014（人泊）	2015（人泊）	2016（人泊）	2017（人泊）	2018（人泊）
岡山県	5,216,850	5,388,734	5,164,080	5,285,385	5,825,430	5,614,880
広島県	7,942,394	8,573,060	9,420,661	9,417,829	9,629,230	9,899,270
山口県	4,379,661	4,490,464	4,845,522	4,362,799	4,440,630	4,351,960
徳島県	2,256,688	2,869,638	2,315,331	2,256,399	2,298,150	2,223,980
香川県	3,585,806	3,464,099	4,076,785	3,890,278	3,758,400	4,048,330
愛媛県	3,599,987	3,592,240	3,773,231	3,901,886	4,700,800	4,249,750
高知県	2,873,700	2,904,380	2,819,870	2,821,620	2,714,490	3,014,560

（いずれの表も国土交通省資料に基づき筆者作成）

観光客一人当たりの消費額の増加、アジアからのリピーターの獲得、滞在日数の多い欧米諸国からの来訪者の需要喚起、それに各国の富裕層の訪日回数と滞在日数の増加、などの課題の解決法でもある。

2．各地の観光ルート形成の取り組み

　国土交通省観光庁が認定した、「訪日外国人旅行者の地方誘客に資するテーマ・ストーリーを持ったルートの形成を促進するため」の、各地域の広域観光周遊ルートを紹介する。

（以下すべて国土交通省観光庁ホームページ「観光地域づくり・広域観光周遊ルートについて」www.mlit.go.jp/kankocho 参照）

（1）北海道

　北海道では、広域観光周遊ルート「アジアの宝　悠久の自然美への道　ひがし・北・海・道〜Explore the Wonderful Eastern Hokkaido〜」という、「不思議」に溢れた土地を探検するというテーマで、広域観光周遊ルートの形成を図っている。ここ数年、ニセコなどは、外国人のスキーやウィンターリゾートとして賑わっている。

（2）東北地方

　2015（平成27）年6月東北観光推進機構が「日本の奥の院　東北探訪ルート〜Exploration to the Deep North of Japan〜による広域観光周遊ルート形成計画」を策定し、国土交通省より認定された。

（3）関東地方

　2020（令和2）年（2021年に延期）の東京オリンピック・パラリンピック競技大会開催にむけ、関東1都7県の観光団体、鉄道事業者、旅行業者、小売業者そして地方自治体が一丸となり、「関東観光広域連携キャンペーン事業推進業議会」を設立した。

（4）北陸地方

　2015（平成27）年3月14日に北陸新幹線長野〜金沢間が延伸開通し賑わう

中、地方公共団体などによる「グランドサークルプロジェクト」や「北陸飛騨3つ星街道推進協議会」など、各地で広域周遊ルート形成に向けた取り組みが進められている。

（5）中部地方

　2015（平成27）年6月、昇龍道プロジェクト推進協議会により、広域観光周遊ルートの一つとして「昇龍道」が形成され、国土交通省より認定される。

（6）関西地方

　いわゆるゴールデンルート（京都、大阪、奈良）に集中する、5つの世界遺産および7つの絶景を巡る広域観光周遊ルート「美の伝説」が国土交通省より認定される。

（7）瀬戸内エリア

　2015（平成27）年6月に兵庫、岡山、広島、山口、徳島、香川そして愛媛の瀬戸内7県からなる瀬戸内ブランド推進連合、経済団体をはじめとした民間企業および観光関係団体から構成される瀬戸内観光ルート誘客促進協議会が実施主体となり、次の3つのモデルコースを掲げている。

　　1．「新ゴールデンルート〜新たな西日本発見の旅〜」
　　　「世界に誇る"瀬戸内"の景観と"瀬戸内"のみで味わえる貴重体験」
　　　「"瀬戸内"に溢れる日本の「匠」と「自然風景」」
　　2．「歴史と芸術に出あう美のルート」
　　　「瀬戸内に溢れる歴史・伝統美と現代アートを堪能」

「世界有数の内海や渓谷の美しい景観」
3．「空と島と海とが溶け込むサイクリングルート」
「"瀬戸内"のみで味わえる景観体験　～瀬戸内の美しい景色を見ながらのサイクリング」

　上のほか、同誘客促進協議会ほかが申請した広域観光周遊ルート「せとうち・海の道」が国土交通省より認定されている。

（8）四国地方

　2015（平成 27）年 6 月、広域観光周遊ルートとして、四国ツーリズム創造機構が「スピリチャルな島　四国遍路」を策定し、国土交通省より認定される。

（9）九州地方

　2015（平成 27）年 6 月「温泉アイランド九州広域観光周遊ルート」形成計画が国土交通省より認定される。

（10）沖縄地方

　航空路線の拡充やクルーズ船の寄港回数増により、入域観光客数は 3 年連続で国内外、外国客とも過去最高となった。特に、韓国の LCC を含む日韓各航空会社の新規運航や増便が韓国人観光客数の増加に寄与している。入域観光客数は、2014（平成 26）年以降、韓国が香港を抜いて台湾に次ぐ 2 位となっている。2015（平成 27）年 10 月には、首都ソウル特別市で「沖縄観光セミナー・商談会・レセプション in 韓国」を開催した。

3．第2ゴールデンルートを確立するための 瀬戸内の重要性

（1）瀬戸内海沿岸域における観光広域連携

　世界でも有数の自然環境と景観を有する瀬戸内海は、日本最大の閉鎖性内海
で、その沿岸部は広域にわたり、瀬戸内海国立公園は、日本初の国立公園であ
る。また、岡山県、広島県、山口県、徳島県、香川県そして愛媛県で形成され
る瀬戸内エリア全体をみれば、漁業を中心とした第一次産業をはじめ、鉄鋼、
造船、化学などの重化学工業のほか、近年は観光を中心とした多様なレジャー
産業および芸術文化エリアを形成し、周遊客が増加している。さらに、この瀬
戸内エリアは、年間を通じて天候や湿度の安定した瀬戸内式気候に恵まれてい
ることから、観光だけではなく居住にも適したエリアとして注目されている。
　しかし現在、瀬戸内エリアは社会情勢の変化による人口減少・人口高齢化、
また、産業構造の転換による既存産業の衰退・ものづくり産業の減少化に直面
している。この対抗策として、各県とも観光を中心とした地域経済の活性化と、
IターンとUターンの促進に力を入れている。
　瀬戸内エリアは、古来より海上交通の要所であり、独自の歴史文化を形成し
てきた。特に、瀬戸内海に面した各都市は、海上交通の交流の要所・「場」とし
て栄え、海洋文化と共に産業も隆盛を誇った。
　今後は、瀬戸内海の歴史と瀬戸内エリアの文化を融合させ、大阪や九州の都
市と連携し、広域観光周遊ルートを形成することで交流人口を増加させ、人口
減少、人口高齢化に対応することが重要である。
　そのためには、大阪から瀬戸内海を通り九州（門司、博多）までの広域エリ
ア「第2ゴールデンルート瀬戸内」を、広域観光周遊ルートとして形成すべき
である（図2-1）。

図 2-1　第 2 ゴールデンルート
（筆者作成）

（2）瀬戸内海沿岸域の観光動態

瀬戸内海沿岸の主な地域の概況を示す。

兵庫県

2016 年度（平成 28 年 4 月〜平成 29 年 3 月）に兵庫県を訪れた観光客数は、前年度比 3.3％減の 1 億 3,416 万人で、前年度の 1 億 3,875 万人に比べて、約 458 万 8,000 人減少している。県下全体の状況をみれば、10 地域（神戸、阪神南、阪神北、東播磨、北播磨、中播磨、西播磨、但馬、丹波、淡路）の中で、阪神南（100.5％）、丹波（100.6％）のみがプラスとなっている。

2017 年度の観光入込客数は 1 億 3,905 万人で、前年度比 3.6％（488 万人）の増加となった。神戸港開港 150 年関連事業などで神戸エリアが大幅増加し、6

地域でプラス。その他4地域でマイナスとなったが、新規オープンした観光施設である中播磨・峰山高原のスキー場、但馬・余部鉄橋空の駅「余部クリスタルタワー」などが、減少幅の小幅につながった。

2018年度の観光入込客数は、1億3,701万人。7月の豪雨と8月の台風の災害で、神戸港開港150年関連イベントが終了し、神戸地域で10%減少し、前年度比1.5%減の204万人となった。神戸市を含む5地域で減少となった。

（兵庫県ホームページ（2016年度）（2017年度）（2018年度）「観光客動態調査報告書」https://web.pref.hyogo.lg.jp 参照）

徳島県

徳島県の2016（平成28）年度の観光入込状況は、前年度比6.3%増で、前年の334万人から355万人に増えている。増加要因としては、「閏年の逆打お遍路」が寄与して太龍寺ロープウェイが48.2%増、また、文化の森総合公園が26.8%増であるのは阿波踊りなどの企画が奏功した。さらに、クルーズ船周航やLCCの増便によって、外国客が増加している。大鳴門橋架橋記念館は減少基調にある。

2017年度に徳島県の観光入込客数は325万人で、前年比8.5%（30万人）の減少となった。その要因は、前年度の増加要因であった文化の森総合公園での大きな企画展がなかったことや、前年多くの人々が訪れた「閏年逆打遍路」に特需がなかったことなどが、台風災害に合わさって、4年ぶりの入込客数減少になった。

（国土交通省四国運輸局2016、2017　四国主要観光入込状況について http://wwwtb.mlit.go.jp/shikoku/index.html 参照）

岡山県

岡山県の観光入込客数は、2016年（平成28）度は1億7,404万人であり、前年度比20.1%増である。主な観光地点は、倉敷美観地区、後楽園・岡山城周辺、

蒜山高原、玉野・渋川、吉備路、津山・鶴山公園、笠岡・笠岡諸島、児島・鷲羽山、美作・湯郷温泉、JR岡山駅周辺の10地区であり、うち蒜山高原、玉野・渋川、吉備路、美作の4地区が前年より減少し、それ以外の倉敷、後楽園・岡山城、津山・鶴岡公園、笠岡・笠岡諸島、児島・鷲羽山、JR岡山駅の6地区は増加している。瀬戸内海沿岸部の観光客数は、増加または堅調であった。

2017年（平成29）度の入込客数は、1,569万5,000人で、前年度比19.8%減である。全10地区で減少した。

2018年（平成30）度は1,442万7,000人で、対前年比18.1%減。全10地区のうち、玉野渋川地区は前年比102%、児島鷲羽山地区は前年比109%と、沿岸部において増加傾向にあり、またJR岡山駅周辺は前年比105%である。当年度は県内観光客が前年比109%、県外観光客は795万1,000人の前年比81.5%で、県外からの観光客が減少した。

（岡山県ホームページ（2016年度）（2017年度）（2018年度）「観光動態調査」http://www.pref.okayama.jp 参照）

広島県

広島県の2016年（平成28）度の総観光客数は、前年度より159万人増えた6,777万人で、前年度比2.4%増。広島県の総観光客数は、1989（平成元）年以降、順調に推移しており、「瀬戸内しまなみ海道」が開通した1999（平成11）年には5,600万人を上回った。2004（平成16）年から2006（平成18）年は大型観光キャンペーン効果で3年連続過去最高となり、その後2009（平成21）年以降は5,500万人台で推移した。また、2012（平成24）年は、大河ドラマ「平清盛」の放送効果で、観光客は5,893万人に上り、2013（平成25）年には広島県の「ひろしま菓子侍デスティネーションキャンペーン」の実施により、初めて6,000万人を突破した。さらに2016年には、アメリカのオバマ前大統領の来訪、加えて原爆ドームと厳島神社の世界遺産登録20周年イベントなどで、国内外から注目を集め、総観光客数が増加した。市町別総観光客数をみると、500万

人以上の総観光客数で増加した市は、広島市、廿日市市、福山市、尾道市の4市で、いずれも瀬戸内海沿岸地域を中心に総観光客数が増加したことがわかる。

　2017（平成29）年の総観光客数は、前の年より212万人増加した6,989万人で、前年比3.1%増である。宮島の来島者数が過去最多を更新し、主要観光地が堅調に観光客数をのばした。また、広島空港へのシンガポール線の就航により、インバウンドが増加した。市町別にみると、広島市、廿日市市、福山市、尾道市などの瀬戸内海沿岸域を中心に観光客数が増加。2017年に広島市を訪れた観光客は243万3,000人、前年比20.7%（41万8,000人）増加した。

　2018年（平成30）の総観光客数は6,504万人で、前年比6.9%（485万人）の減少を見た。7月の豪雨後のイベント中止や観光施設の営業中止、また風評被害などにより、大和ミュージアムや平和記念資料館などの主要観光施設の来館者数が減少した。上で述べたように、2013年初の6,000万人突破から2016（平成28）年、続く2017年まで好調に推移してきたが、2018年は豪雨、猛暑そして台風などにより、2011（平成23）年以来、7年ぶりに前年比を下回った。

　広島市、尾道市、福山市、廿日市市の瀬戸内海沿岸域の4市は、2018年、合わせて500万人以上の観光客があり、なかでも同年に広島市を訪れたインバウンド客数は、275万3,000人で、前年比13.2%（32万人）の増加で、7年連続の増加である。広島市におけるインバウンドの地域別割合をみると、アジアからが全体の33.3%を占めており最も多い。次いで、ヨーロッパが26.7%、アメリカが17.8%。国別では、アメリカが最も多く37万1,000人で次に台湾25万8,000人、オーストラリア20万9,000人である。

　（広島県ホームページ（2016年度）（2017年度）（2018年度）「観光動態調査」https://www.pref.hiroshima.lg.jp 参照）

山口県

　2016（平成28）年度観光客数は、3,125万4,000人であり、前年度の3,139万6,000人から141万396人減った0.5%減である。2014（平成26）年度は

2,900万4,000人、その後2015（平成27）年は大河ドラマ「花燃ゆ」効果により、前年度比7.8%（225万人）増加した。2016年度の外国人観光客数は、中国からのクルーズ客船の増加、韓国の国際定期便の就航などにより26万4,000人、これは前年度比17.2%（3万9,000人）の増加である。エリア別でみると、東部（岩国市、和木町、周防大島町、柳井市、田布施町、上関町、平生町、光市、関南町、下松市）947万3,716人で前年比2.5%増、中部（防府市、山口市、美称市）834万5,406人で1.9%減、北部（萩市、長門市、阿武町）439万8,546人の5.2%減、そして西部（下関市、宇部市、山陽小野田市）903万7,237人の0.3%増。エリア別では、東部・西部の瀬戸内海沿岸地域に観光客の増加がみられる。

　2017（平成28）年の観光客数は過去最高の3,318万1,000人で、前年比6.2%（192万6,000人）の増加となった。「幕末維新やまぐちデスティネーションキャンペーン」の開催や、元乃隈稲成神社への来訪者数の増加などが寄与している。また、同年の外国人観光客数は、山口宇部空港・韓国仁川国際空港間の定期便の運航数拡大や、中国からのクルーズ船の増加により、前年比54.8%（14万5,000人）の増加となり、総数は40万9,000人であった。

　2018（平成30）年の観光客数は、過去最高となる3,413万9,000人で、前年比2.9%（95万8,000人）の増加となった。「山口ゆめ花博」およびその関連イベントの開催、ロンザキッチンのグランドオープンなどが寄与している。外国人観光客数は、45万8,000人と前年比12.1%（4万9,000人）の増加で過去最高となった。外国人延べ宿泊数も12万3,000人と前年比4.5%（5,000人）の増加となった。

　（山口県ホームページ（2016年度）（2017年度）（2018年度）観光動態調査」https://www.pref.yamaguchi.lg.jp 参照）

香川県

　2016（平成28年1月～12月）年に香川県を訪れた県外観光入込客数は936万8,000人であり、前年比1.8％の増加である。主要観光地入込客数は、栗林公園が70万6,000人の前年比7.4％増で、ライトアップ効果と気候に恵まれたことで入園者が増加した。また、7月には香港線定期便が新しく就航し、外国人観光客が増加したため、5年連続増で18年ぶりに70万人を超えた。

　屋島は前年より13.3％増加し、50万3,000人となった。ドライブウェイ無料化の社会実験効果もあり、4年ぶりに50万人を超えた。

　琴平は227万4,000人で、前年比2.5％減少ではあるが、「四国こんぴら歌舞伎芝居」が好評を博している。

　小豆島の113万9,000人は前年比4.3％増。3年ぶりに開催された「瀬戸内国際芸術祭2016」の効果により観光客が増加し、特に、外国人観光客が年間を通し増加している。同芸術祭は春、夏、秋の大きなイベントとして効果が表れている。

　2017（平成29年1月～12月）年の県外観光客入込数は、946万4,000人の対前年比1.0％増であり、3年連続増加および5年連続900万人超えである。これは、瀬戸大橋が開通した1988（昭和63）年の過去最大数1,035万人に次ぐ2番目の入込数である。4月から6月にかけての四国デスティネーションキャンペーンの開催や外国人旅行者の増加が、全体の増加につながった。県内主要観光地（栗林公園、屋島、琴平、小豆島）への入込客数は、491万6,000人で前年比6.4％の増加である。いずれも前年同様、栗林公園の春秋のライトアップ、屋島でのドライブウェイの無料化に加え、琴平の新たな観光列車「四国まんなか千年ものがたり」の運行開始などが増加の要因となった。小豆島は「瀬戸内芸術祭2016」の反動や台風の影響で前年比4.0％減となった。

　2017年、旅行者が香川県を選ぶ理由として、「讃岐うどん」46.6％、「歴史的な社寺仏閣」37.4％、「豊かな自然」19.6％、「レジャー施設」18.9％などが挙げられ、ここには、消費行動「する」「みる」「買う」「食べる」という、体験重

視の「コト消費」が顕著に見られる。また、香川旅行にあたっての情報媒体は、「インターネット」48.3%、「クチコミ」31.9%、「過去の旅行経験」19.2%、「テレビ番組やCM」などである。

2018（平成30年1月～12月）年に香川県に訪れた県外観光入込客数は941万6,000人で、4年ぶりの減少となった。高松空港のソウル便の増便（毎日運航）にともなうインバウンドの増加はあったものの、2018年7月の豪雨などの異常気象が原因となり、観光客数が減少した。

2018年、県外観光客による香川県観光の動機は「讃岐うどん」36.7%、「歴史的な寺社仏閣」35.5%、「豊かな自然」25.1%、「レジャー施設」22.7%で、ここでもまた、「コト消費」の行動が顕著である。参考にした情報媒体は「インターネット」46.7%、「クチコミ」27.8%、「過去の旅行経験」18.6%、「旅行雑誌」14.6%である。

（香川県ホームページ（2016年度）（2017年度）（2018年度）「観光動態調査」https://www.pref.kagawa.lg.jp 参照）

愛媛県

愛媛県の2016（平成28）年の県外および県内観光客総数は、2,745万5,000人（延べ）と推定され、前年比1.4%増で瀬戸内しまなみ海道が開通した1999（平成11）年を初めて上回っている。このうち、県外観光客数は1,150万2,000人（延べ）で前年比1.6%増。また、県内観光客数は、1,595万3,000人（延べ）で前年に比べ、1.2%増である。

地域別にみると、東予東部圏域10万5,000人（延べ）、松山圏域6万2,000人（延べ）、八幡浜・丈洲域20万2,000人（延べ）、宇和島圏域2万6,000人（延べ）で、すべて増加している。「えひめいやしの南予博2016」開催で、南予では前年より22万8,000人増となった。また松山圏域における「道後アート2016」開催により女子旅人気の高まりが見られる。さらに、今治圏域の「サイクリングしまなみ2016」の開催や、「村上海賊」の日本遺産認定により県外客

が2万7,000人増えた。

　観光客消費総額は、1,107億円と推定され、観光客数増加に伴い、前年比0.5%（6億円）の増加となり、瀬戸内しまなみ海道が開通した1999（平成11）年の1,238億円に次いで過去2番目の消費総額に達した。支出項目別では、宿泊費4億円、地域内交通費1億円、その他2億円が、いずれも増加しているが、土産品購入費は1億円の減額であり、旅行における「モノ」消費から「コト」消費への変化が伺える。

　また、インバウンドが増加し、県内消費の活性化につながった。観光消費額は、瀬戸内しまなみ海道が開通した1999（平成11）年の1,238億円に次いで過去2番目の数字を記録した。推定分析による観光目的は、買い物が31.1%を占め、次いで文化歴史18.3%、スポーツレクリエーション15.1%、温泉12.3%、自然7.2%、産業観光5.6%の順である。「コト消費」の多様化が見られる。

　2017（平成29）年の県外および県内観光客総数は、2,699万9,000人（延べ）と推定され、過去最高値を記録した前年の2,745万5,000人（延べ）に比べて、1.7%（45万6,000）減少した。これは、瀬戸内しまなみ海道が開通した平成11年を上回る過去3番目の数字である。

　このうち県外観光客数は、1,132万8,000人（延べ）で、前年に比べ1.5%の減少、県内観光客数は1,567万1,000人（延べ）で、前年に比べ1.8%減少した。いくつかの要因が挙げられる。

　①前年に開催された「えひめいやしの南予博2016」や「サイクリングしまなみ2016」など、大規模イベントに伴う反動減

　②道後温泉の旅館・ホテルの耐震改修工事や、えひめ国体・えひめ大会の開催などに伴う宿泊施設の不足

　③台風など悪天候によるイベント等の中止・縮小

　④イベントや行事・祭事時の天候不順

　地域別にみると、松山圏域で2万1,000人（延べ）の増加となったが、東予東部圏域で6万7,000人（延べ）、今治圏域では1万8,000人（延べ）、八幡浜・

大洲圏域で27万6,000人（延べ）、宇和島圏域で11万6,000人（延べ）、いずれも減少した。また、観光客消費総額は、1,125億円であると推定され、観光客数は減少したものの、「愛媛つなぐえひめ国体・えひめ大会」などの開催に伴う宿泊客数の増加により、1.6%（18億円）増加し、瀬戸内しまなみ海道が開通した1999（平成11）年の1,238億円に次いで、過去2番目の数字を記録した。

　支出項目別にみると、宿泊費で10億円、土産品購入費で4億円、域内交通費で4億円、それぞれ増加した。

　観光の目的別内訳は、買い物が29.76%（前年29.61%）を占め、次いで文化・歴史18.07%（前年17.25%）、スポーツレクリエーション15.36%（前年14.83%）、温泉11.89%（前年11.56%）である。ここでもまた、「コト消費」の多様化がみられる。

　2018（平成30）年の県外および県内観光客総数は、2,539万2,000人（延べ）と推定され、過去3番目を記録した前年の2,699万4,100人に比べて6.0%（160万7,000人）（延べ）減少した。過去6番目の数字である。

　県外観光客数は1,075万人（延べ）で前年に比べ5.1%の減少、県内観光客数は、1,464万2,000人（延べ）で、前年に比べ6.6%減少した。要因として、

　①豪雨災害による直接被害及び風評被害での夏季繁忙期の県外観光客減少

　②豪雨災害及び悪天候によるイベント等の中止に伴う県内流動の減少

　③前年の「えひめ国体・えひめ大会」開催に伴う反動減

などが挙げられる。

　地域別では、東予東部圏域で10万6,000人（延べ）、今治圏域で45万4,000人（延べ）、松山圏域で32万人（延べ）、八幡浜・大洲圏域で50万人（延べ）、宇和島圏域で22万7,000人（延べ）、それぞれ減少した。

　観光客消費総額は、1,133億円と推定され、観光客数は減少したものの、宿泊費を割り引く「ふっこう周遊割」効果およびインバウンド増加による県内消費の活性化により、0.7%（8億円）増加し、瀬戸内しまなみ海道が開通した1999年の1,238億円に次いで過去2番目の数字を記録した。

　支出項目別では、土産品購入費で17億円、域内交通費で28億円それぞれ増加した一方、宿泊費が6億円減少した。

　目的別内訳は、買い物が31.07％（前年29.76％）を占め、次いで文化・歴史が18.33％（前年18.07％）、スポーツレクリエーションが15.09％（前年15.36％）、温泉が12.26％（前年11.84％）である。やはり、「コト消費」が増加していることがわかる。

（愛媛県ホームページ（2016年度）（2017年度）（2018年度）「観光客数とその消費額」https://www.pref.ehime.jp 参照）

北九州市

　2016（平成28年1月〜12月）年北九州市の観光客実人数は、1,193万8,000人で前年比2.0％増となった。外国人観光客は34万9,000人で前年比38.5％増である。地区別観光客数は、門司港地区（レトロ地区、和布刈地区）が約248万人で全体の15.1％、小倉都心地区は約582万人で全体の35.6％、八幡東田地区は約221万人で全体の13.5％であり、全体の延べ人数は1,635万人。観光が駅を中心として、小倉都心地区と関門海峡や海に面した門司港地区に集中していることがわかる。

　2017（平成29年1月〜12月）年の観光客実人数は、1,242万4,000人で前年比の4.1％増である。外国人観光客は68万2,000人で前年比95.4％増。門司港レトロ地区は約252万人で全体の15％、小倉都心地区で約583万人全体の34.7％、八幡東田地区は約254万人で全体の15.1％であり、全体の延べ観光客数は1,682万3,000人である。

　2018（平成30年1月〜12月）年の観光客実人数は、1,030万5,000人の前年比17.1％減。しかしながら、外国人観光客数は69万1,000人で前年比で1.3％の増加。実人数減少の要因は、災害などにより日帰り客が839万8,000人と前年比で20.5％減少したことや、修学旅行生数が前年比61.7％減少の5万7,000人になったことなどが挙げられる。

外国人観光客の国籍・地域別では、韓国、台湾、中国、香港の順で多い。
（北九州市ホームページ（2016 年度）（2017 年度）（2018 年度）「観光動態
調査」https://www.city.kitakyushu.lg.jp 参照）

第 Ⅲ 章

瀬戸内海沿岸域における
ニューツーリズムと着地型観光

1．三つの観光ルート

　本州四国連絡道路の三つのルートをたどりながら、ルート内の各地域の特色を記すことで、観光ルートとして紹介する。

（1）神戸・鳴門ルート（神戸淡路鳴門自動車道、通称：明石海峡大橋）

　1998（平成10）年に全線開通し、神戸道路鳴門自動車道として供用され、通過する市町村は神戸市、淡路市、洲本市、南あわじ市、香川県坂出市である。

明石海峡大橋

　全長3,911m、中央支間1,991mの、世界最長の吊り橋として知られる。淡路島と神戸市間を結ぶ三つの連絡橋の中では、交通量が最も多い。

　かつては、神戸－高松間に、4社6隻のフェリーが就航していたが、現在は第三セクターのジャンボフェリーのみが就航。神戸阪神地区発着フェリーでは、明石港－岩屋間の淡路ジェノバライン（小型高速艇、人と自転車のみ乗船可）

が残っている。今後は、サイクルツーリズムの観点を取り入れる必要があるだろう。明石海峡大橋、大鳴門橋のルートでのサイクリングロード整備が期待される。

（本州四国連絡高速道路株式会社ホームページ「技術情報」https://www. jb-honshi.co.jp/ 参照）

淡路島

淡路島の人口は、2018（平成 30）年 1 月末現在 13 万 2,000 人で、1947（昭和 22）年のピーク時の、22 万 7,000 人から 4 割減少している。高齢化率は 36％と兵庫県内で最も高い。（「兵庫県観光動態調査報告書」参照）

淡路島の地場産業の代表は、線香の生産であり、国内生産の 70％を占める。また、日本の真珠の加工・流通の 80％を神戸市が取り扱っているが、その真珠核のほとんどが淡路島で生産され、国内生産の 70％を占めている。そのほかの伝統的な産業では、瓦の生産がある。淡路瓦は 400 年以上の歴史を持つ。瓦つくりに適した粘土を利用し、耐久性に優れた「いぶし瓦」はシェア日本一である。（兵庫県企画県民部ビジョン局統計課ホームページ「産業」https://web.pref. hyogo.lg.jp/org/vision/index.html 参照）

農産物では、淡路島たまねぎがよく知られる。たまねぎの全国シェア約 9.3％を占める。そのほかにもレタス、みかん、水稲などがある。米は生産するうちの 74％が「キヌヒカリ」である。また、カーネーションは全国シェア約 9.5％。水産業は、5 トン未満の小型船と養殖漁業が中心であり、2004 年（平成 16 年）の生産額は 153 億円、漁獲量 18.378 トン。名産はちりめんじゃこ、いかなご、ワカメ、海苔、ハモ、タコ、鯛などである。ブランド力のある元気な農水産業が島の経済を支えている。

淡路島の経済成長は 2014（平成 26）年以降、成長に転じている。上述した農水産業の充実に加え、交流人口が増大していることもその要因である。インバウンドで見ると、兵庫県の 2016（平成 28）年の訪日外国人の訪問は 149 万

人で、全国11位である。しかしながら、淡路島に限定すると、2015（平成27）年の外国人宿泊数は5.4万人と少なく、その6割が台湾からの来島である。淡路島への観光客は、近年増加傾向ではあるが日帰り客が多いために宿泊客数は横ばい状態である。

　明石海峡大橋のかかる瀬戸内海最大の島である淡路島は、上述したような豊富な農水産物から「御食国」と呼ばれる。そして食以外にも、歴史（国生の神話）、文化（人形浄瑠璃）、自然・景観（瀬戸内国立公園や鳴門海峡のうずしお）など、豊かな観光資源を有している。また、交通の利便性を見ると、車で神戸から1時間、大阪から1時間半と、大都市から近い。このように、淡路島には豊富な資源と地の利がある。すなわち、第Ⅰ章第二節で紹介した、**小長谷による「見る」「買う」「食べる」の「観光3要素」の材料が豊富にある。そうであればなおさら、その他の都市との地域間連携による観光ストーリーの構築が重要である。**

　そして、体験型観光が注目される現在、上の3要素に加え、**「する」が今後の課題である。なお、この「する」を加えた4要素が、筆者が用いる「松本4要素」**である。

　現在、淡路島に行くための主要な交通手段は自動車やバスのほか、航路ではフェリーなどがある。今後は、これら一次交通としての自動車、バス、船に加え、**二次交通として、自転車や小型EV車などの需要を高める必要がある。これらは、「する」体験型観光の重要なコンテンツであるからだ。**ことに、自転車道の整備などによる**サイクルツーリズムの推進は、一層の地域活性化になると**考えられる。

　淡路島の、2016年度の観光入込客数は1,278万人、宿泊客数130万人、外国人宿泊客数5万4,000人、観光消費額1,144億円であった。2022年度の目標として、観光入込客数1,500万人、宿泊客数200万人、外国人宿泊客数15万人、観光消費額1,900億円を掲げている。

　（平成30年淡路島総合観光戦略策定会議報告書 https://web.pref.hyogo.

lg.jp/awk12/documents/20180323kankousenryaku.pdf 参照）

家島諸島

　ルートからははずれるが、家島諸島をここで取り上げたい。

　姫路市は播磨平野の中央に位置しながら、瀬戸内海に面している。播磨灘沖には大小40余りの島が点在しており、これが家島群島地域である。そのうち、家島、坊勢島、男鹿島、西島が有人島で、本土とは、航路事業4社が運航する高速船で約30分で行き来できる。また、家島と坊勢島間は定期船1社が約10分で結んでいる。

　2005（平成17）年には人口7,724人であったのが、2015（平成27）年の国勢調査で人口4,898人となり36％も減少している。

　離島振興対策実施地域の一つに指定されている家島郡島地域の基幹産業は、採石業、海運業および水産業である。現在、水産業など地域資源を活かした産業振興や観光客の誘致を行っている。産業別の就業者の割合は、水産業24.5％、次いで運輸郵便業21.5％、小売業9.1％の順である。かつて採石業は日本の産業発展に大きく寄与したが現在は衰退している。（姫路市ホームページ「地域の概要」www.city.himeji.lg.jp 参照）

　家島諸島は瀬戸内海国立公園に指定されており、カヌー、ヨット、漁業体験、海水浴などの体験型観光ができる。そして、「多島美」と称される瀬戸内海の絶景を加えれば、「見る」「買う」「食べる」「する」を十分に満足させるものである。

　家島本島では、超小型EV自動車やレンタサイクルにより回遊性も確保されている。その他、クルーズ体験と食体験を組み合わせた「しまたびツアー」、家島コンシェルジュや島の人々とのふれあい体験が可能な「いつでもしまたび」などの体験型観光エリアも整備されている。

　観光客入込数は、2005（平成17）年1,464人、2010年1,724人、2015年には1,944人と増加しているが、課題は、インバウンドの促進であろう。インバウンドが増加すれば、長期滞在型の施設の充実や、滞在型レジャーの確立が必

要になり、経済成長が見込める。また、観光とは別に、今後は移住者の促進も課題である。現在、採石業や海運業が不安定なために、造船業や鉄鋼業も不振に陥り、新しい住民が待望されている。今後は、SNSなどを大いに活用して情報を発信することが、島の産業全体の活性化につながるだろう。

（2）児島・坂出ルート（通称：瀬戸大橋）

1988（昭和63）年に全線開通し、瀬戸中央自動車道（JR四国）、四国旅客鉄道（JR四国）、本四備讃線を供用し、岡山県倉敷市と香川県坂出市を結ぶ。

岡山県倉敷市

倉敷市は、倉敷美観地区（白壁の建物）、児島地区（瀬戸内海国立公園）、水島地区（工業地帯）、玉島地区（港町）、船穂地区（マスカットやスイトピーの産地）、真備地区（竹林の町）など観光資源の多い人口48万人の中核都市である。

倉敷市観光統計書によるエリア別の観光客数を表に示す。

	倉敷美観地区	児島地区 （鷲羽山）	玉島地区	水島地区
2014（平成26）	306万5,000人	112万5,000人	8万人	26万2,000人
2015（平成27）	353万4,000人	112万6,000人	7万9,000人	31万1,000人
2016（平成28）	384万5,000人	119万5,000人	9万人	25万1,000人
2017（平成29）	364万8,000人	115万2,000人	6万3,000人	31万9,000人

（岡山県の資料に基づき筆者作成）

倉敷市全体の外国人観光客数（観光客宿泊者数推移）を見ると、2009（平成21）年1万6,337人、2010（平成22）年2万4,878人、2011（平成23）年1万2,527人、2012（平成24）年1万6,508人と、順調に伸びており、直近3年は2015（平成27）年4万6,948人、2016（平成28）年5万2,437人、2017（平成29）年6万6,072人で、2009（平成21）年の約5倍、5万人増加している。

（岡山県ホームページ（2017年度）「観光動態調査」https://www.pref.okayama.jp/page/626902.html 参照）

ここで、下の表で、瀬戸中央自動車道の通行台数の推移を見てみよう。

	通行台数（前年比）
2013（平成25）	758万9,075台（103.7%）
2014（平成26）	762万990台（100.4%）
2015（平成27）	786万9,818台（103.3%）
2016（平成28）	800万403台（101.7%）
2017（平成29）	819万61台（102.4%）

（倉敷市の資料に基づき筆者作成）

通行台数は年々微増している。車種別割合を2017（平成29）年でみると、普通車56%、大型車19%、特大車2%、中型車8%、軽自動車等15%である。

（倉敷市ホームページ（2017年度）www.city.kurashiki.okayama.jp 参照）

以上をまとめると、倉敷市全体の2017（平成29）年の観光客数は543万2,000人で前年比3.4%の減少となっているが、宿泊数は99.1万人で前年比で0.5%増加している。上述したように、外国人観光客宿泊数は6万6,072人で前年比26.0%増である。瀬戸中央自動車道通行台数も2013（平成25）年以降増加している。

倉敷市は、全体的に交流人口は増大しており、特にインバウンドが大きく増加している。明治の繊維産業の町から近年は工業都市として、そして現在は観光都市へと発展していることがわかる。

児島地域

岡山県の最南端にあり、倉敷市に区分される児島地域には、1988（昭和63）年に建てられた観光船乗場、児島観光港がある。この観光港の2013（平成25）年から2017（平成29）年にかけての乗客数は、①瀬戸大橋観光船協会所属船は1万1,000人〜1万3,000人の間を推移、②寄港船は2,701人から1,010人

へと減少、③係留船は1万3,930人から1万2,070人と微減している。

（倉敷市ホームページ「観光動態調査」www.city.kurashiki.okayama.jp 参照）

瀬戸大橋

　言わずと知れた、倉敷市と香川県坂出市を結ぶ橋の総称である。六つの橋梁と四つの高架橋で構成されており、橋梁部の全長は9,368m。いずれも上部の自動車道路と下部の鉄道の二段構造である。高架部（道路鉄道併用部分）を含めると13.1kmに及び、道路鉄道併用橋では世界最大級である。

　六つの橋梁の最南端にあるのが南備讃瀬戸大橋。三つ子島（香川県坂出市瀬戸内海に浮かぶ塩飽諸島の無人島）を挟み、その北の北備讃瀬戸大橋との2連吊り橋である。北備讃瀬戸大橋は、全長1,611mの道路鉄道併用で、香川県坂出市与島内と三つ子島の間に架かり、内陸側には番の州高架橋が繋がっている。北備讃瀬戸大橋に隣接するのが与島高架橋で、与島内に架かる。与島橋は、香川県坂出市羽佐島島内から与島との間に架かる六つの大橋のうちで、ただ一つのトラス橋で、全長は877m、中央支間が245m。岩黒橋は、岩黒橋と羽佐島を結ぶ。櫃石橋と並んで2連の斜張橋をなす。この二つの橋は、長さや概観が同じ双子の橋であり、共に、当初はトラス橋になる予定であったが、景観配慮のために斜張橋に変更された。その櫃石橋は、石島と岩黒島を結ぶ。下津井大橋は全長1,447mで、この橋のほぼ中央は香川県と岡山県の県境になる。

（本州四国連絡高速道路株式会社ホームページ「観光動態調査」https://www.jb-honshi.co.jp/ 参照）

　この瀬戸大橋の架かる瀬戸内海域は、備讃瀬戸南航路で大型タンカーが行き来している。備讃瀬戸は東側が播磨灘、西側が備後灘に通じる東西に長い瀬戸であり、内航路の通航路ともなっている。また、東西航路と本四国間のフェリーの航路でもある。この海域は好漁場が多く、こませ鯛漁など、鯛漁の漁船が多い。

　備讃瀬戸東部では1日平均850隻、備讃瀬戸西部でも1日平均650隻の船舶が運航しており、海上交通における要所である。また当海域は瀬戸内海域にお

いても、特に素晴らしい景観を有している。

香川県

　香川県の、2017（平成29）年の県外観光入込数は、946万4,000人（前年比1.0％増）で、3年連続して増加し、5年連続で900万人を超えた。香川への交通手段は、JRの利用者は135万9,000人で、前年比1.3％増である。船舶利用は54万1,000人と前年比14.0％減、航空機利用は30万6,000人と前年比10.0％増である。また高速バスを含む自動車利用が725万8,000人で前年比で1.9％増加した。

　おもな観光スポットの、2017（平成29）年の観光入込客数を見ていく。

　高松市内にある栗林公園は、国の特別名勝に指定されている。年間を通しての外国人旅行者が増加している。春と秋のライトアップも奏功して内外の旅行客は6年連続で増加し、74万5,000人と前年比で5.5％増加し、2年連続で70万人を超えた。

　同じく高松市にある台地、屋島は46万1,000人で、前年比8.2％減であったが、ドライブウェイ無料化で7月以降は前年比15％増となった。

　金毘羅宮で知られる琴平町は、「四国デスティネーションキャンペーン」の開催や観光列車の運行により、261万6,000人、前年比で15.0％の増加となった。

　直島諸島の一つである直島（正式名称は香川郡直島町）は、面積が約8km^2、外周16kmの島内に「地中美術館」「ベネッセハウスミュージアム」「ANDO MUSEUM」「家プロジェクト」などの現代アートが集積している。アメリカの雑誌 "Traveler" では、「次に見るべき世界の7ヶ所」の一つとして取り上げられ、国外からも高い評価を得ている。「瀬戸内国際芸術祭」の開催以降、民泊を中心とした宿泊施設が増加した。

　小豆島は、瀬戸内海・播磨灘に位置し、行政区分は香川県小豆郡に属する。小豆島町と土庄町の2町からなり、2016年度の推計で人口は2万8,764人。2013年（平成25年）6月24日に、国土交通省より、隣接する沖ノ島とあわせて離

島振興法の指定を受けている。瀬戸内海では、淡路島に次いで2番目の面積を持つ。本州、四国からの橋梁やトンネルなどがない非架橋の島としては、瀬戸内海で最大の人口を有する島である。同島は、空港を有していないため、船舶だけを利用する島としては、日本国内で最大の人口を有しており、1日に発着するフェリーの本数は日本有数の数を誇っている。岡山県の新岡山港や日生港、兵庫県の神戸港や姫路港と定期航路で結ばれ、土庄町土庄港、坂出池田港は海の玄関口となっている。また、地区内の4つの港は高松港と結ばれ、フェリーや高速艇が就航している。なかでも、土庄港－高松間は所要時間30分の高速艇が1日16往復運航されている。このように、小豆島は離島ではあるが、観光のための利便性は良い。しかしながら、人口の減少に歯止めがかからず、2013年の離島振興法では、2023（令和4）年までの人口減少率を10%以内に抑えることを目指している。観光産業以外の地場産業として、醤油、そうめん、ごま油、つくだ煮、オリーブ生産、石材業、漁業がある。前年開催された「瀬戸内国際芸術祭2016」の反動や台風被害により、2017年の観光客は109万4,000人と、前年比で4.0%の減少となったが、外国人旅行者は増加しており、琴平町同様、「四国デスティネーションキャンペーン」の開催効果で、上半期の1月、2月、5月は前年同月比で増加した。

　　（香川県ホームページ（2017年度）「観光動態調査」https://www.pref.
　　kagawa.lg.jp 参照）

（3）尾道・今治ルート（西瀬戸自動車道、通称：しまなみ海道）

　1999（平成11）年に全線開通し、歩行者、自転車、原動機付自転車用道を供用している。広島県尾道市と愛媛県今治市を結ぶ。

しまなみ海道サイクリングロード

　1999年に開通し、今や「サイクリストの聖地」と化したたこのルートは、広

島県尾道市と愛媛県今治市を結ぶ、計10本・全長59.4kmの架橋ルートである。橋は、瀬戸内海に浮かぶ芸予諸島の島々を、それぞれの美しい景観にマッチした様々な形状で結んでいる。最大の特徴は、徒歩や自転車で渡ることのできる自転車および歩行者道が併設されていることで、これは本節でとりあげる3ルートの中ではここだけである。日本で初めて海峡を横断するサイクリングロードとして、国内外から多くのサイクリストが訪れている。

　当然、レンタサイクルも充実している。尾道と今治の両市がレンタサイクルを広域的に運営している。1999（平成11）年の海道開通時に、沿線の旧市町村単位でしまなみ海道レンタサイクル事業を開始し、レンタサイクル事業に関する基本協定に沿って、統一運営している。沿線各地区には、レンタサイクルターミナルがあり、借りたターミナル以外でもこれらターミナルで自転車の乗り捨てが可能なため、来訪者およびユーザーにとって非常に利便性が高い。

　レンタサイクルの運営状況を、「しまなみジャパン」（後述）のデータから見ていくと、レンタサイクル事業を管理運営委託で運営する尾道市では、2017（平成29）年4月の時点で、レンタサイクルターミナルは、尾道港（駅前港湾駐車場・尾道）、尾道市民センターむかいしま（向島）、土生港（尾道市営中央駐車場・因島）、瀬戸内観光案内所（生口島）、それに尾道瀬戸内サンセットビーチ（生口島）の5箇所で、自転車の総保有台数は900台である。

　また、事業を指定管理者制度で運営する今治市では、2017（平成29）年4月の時点で、レンタサイクルターミナルは、大三島で上浦レンタサイクルターミナル（道の駅「多々羅しまなみ公園」）、大三島レンタサイクルターミナル（道の駅「しまなみの駅御島」）、伯方島で伯方レンタサイクルターミナル（道の駅「伯方S.Cパーク」）、大島で宮窪レンタサイクルターミナル（宮窪観光案内所）、吉海レンタサイクルターミナル（道の駅「よしうみいきいき館」）、今治の中央レンタサイクルターミナル（サンライズ糸山）、みなと交流センターレンタサイクルターミナル、それにJR今治駅臨時レンタサイクルターミナルの8箇所で、総保有台数は792台。今治市内には、返却のみの乗り捨てポイントもある。

　利用料金は1日単位で、大人1,000円、子供（小学生以下）300円のほか、大人のみ利用できる電動アシスト自転車は6時間以内1,500円。タンデム自転車は、1日1,200円。保証料は一律1,000円で、乗り捨て時は、保証料は返却されない。車種は、軽快車、クロスバイク、小型スポーツ車、子供用自転車、電動アシスト自転車、そしてタンデム自転車がある。

　貸出実績は、1999（平成11）年の事業開始時には、尾道市1万3,000台、今治市5万7,010台で、全体で約7万台。その後減少するが、2006年以降少しずつ増加に転じ、2014（平成26）年には尾道市5万9,186台、今治市5万7,117台と、この頃から瀬戸内が注目されるようになったことに伴い、両市合わせて前年比の142％増（約11万6,000台）となった。

　レンタサイクル事業以外にも、サイクリストを受け入れるための整備として、尾道と今治の両市で、JR尾道駅からJR今治駅まで、サイクリストが迷わず走行できることを目的として、車道の左側にサイクリングの推奨ルートを明示する通称ブルーラインのほか、ピクトグラムも導入した。また、エリアでのサイクリング中の交流拠点として、「しまなみサイクルオアシス」を住民参加型で整備。各オアシスには空気入れ、自転車スタンド、観光パンフレットスタンド、ベンチのほか、給水設備やトイレも設けている。サイクリングイベントの開催も盛んだ。「国際サイクリング大会」（愛媛と広島の両県による）、「来島海峡大橋サイクリング大会」（今治市）、「サイクリング尾道大会」（尾道市）、「しまなみ縦走」（本州四国連絡高速道路株式会社）などがあげられる。さらには、サイクリストのために、自転車組み立て場、サイクルバス、サイクルトレイン、手荷物預かり、当日配送サービスなどを整えて、受け入れ体制を充実させている。

　「しまなみ海道」は、2010（平成22）年8月に、日本経済新聞NIKKEIプラス1「なんでもランキング　国内のおすすめサイクリングコース」の1位にランキングされ、2013（平成25）年2月には「ミシュラン・グリーンガイド・ジャポン」改訂第3版に一つ星で掲載された。また2014（平成26）年5月にはCNN（アメリカ合衆国ニュース専門放送局）で、「世界で最も素晴らしい自

転車道」の一つとして紹介され、同年6月には、CNN「世界7大サイクリングコース」の一つとしても紹介された。その後、国内の「楽天トラベル　サイクリストに人気の旅行宿泊先ランキング」で1位になった。さらに、2016年8月には、ロンリープラネット社発行の「EPIC BIKE RIDES OF THE WORLD」に世界で魅力的な50のサイクリングルートで掲載されている。同じ2016（平成28）年には、国すなわち、スポーツ庁、文化庁、観光庁が、スポーツと文化資源を組み合わせた全国の観光振興の取り組みを表彰する「スポーツ文化ツーリズムアワード2016」において、瀬戸内しまなみ海道振興協議会（当時）によるサイクリストの聖地「瀬戸内しまなみ海道」を核としたサイクルツーリズムが、大賞を受賞している。また、文化庁の「日本遺産」においても、しまなみ海道地域に関連した文化歴史ストーリーが認定されている。

　尾道・今治ルートは、歴史文化を背景にしたこれまでの観光資源に加え、「**しまなみ海道」というサイクリングロードとしての地位を確立したことで、来訪者の五感**（「五感」については後述）**に訴える観光要素である「みる」「買う」「食べる」「する」**（松本4要素）**をさらにパワーアップさせて、来訪者のロイヤリティを形成する**ことに成功した事例だと言えるだろう。

尾道から今治へ

　尾道・今治ルート（しまなみ海道）を起点の尾道市からたどっていく。

　「千光寺公園」「おのみち文学館」「おのみち映画資料館」などがある尾道市は、坂と寺社の町である。映画のロケ地や地元グルメでも有名である。

　向島（尾道市）は、尾道と新尾道橋、尾道大橋の三つの渡航で結ばれ、尾道水道の景観を臨むことができる。

　因島（尾道市）は、室町時代から戦国時代に活躍した因島村上氏の本拠地で、水軍資料館通称「因島水軍城」、そして自転車神社として有名な「大山神社」がある。

　生口島（尾道市）は、全国有数の柑橘類の生産地であり、レモンが有名であ

るが、近年では農業使用料を減らした「エコレモン」が生産されている。また、「島がまるごと美術館」との発想で、彫刻やアートに力を入れている。

　大三島（今治市）には、日本総鎮守と呼ばれ全国に約1万社あまりの分社をもつ「大山紙神社」があることから、大三島は「神の島」と呼ばれている。島内には、天然温泉「多々羅温泉」がある。また、道の駅「多々羅しまなみ公園」「しまなみの駅御島」がある。

　伯方島（今治市）は、古くから製塩業が盛んで、塩の島として有名である。伯方の塩の発祥の地で、「伯方ふるさと公園」には伯方の産業や文化資料が展示されている。伯方大橋に近接した道の駅「伯方S.Cパーク」はスポーツ施設であり、観光拠点でもある。

　大島（今治市）は、能島村上氏の本拠地であり、「村上水軍博物館」がある。尾道・今治ルート（しまなみ海道）を構成する橋のひとつであり、世界初の三連吊り橋「来島海峡大橋」と来島海峡の潮流の景観を、「亀老山展望公園」のパノラマ展望台から楽しめる。

　上島町（愛媛県越智郡）は、六つの有人島を含む25の島で構成されている。弓削島には国民宿舎「インランド・シー・リゾート・フェスパ」や海水温浴施設「潮湯」があり、ヘルスツーリズム、ヒーリングツーリズムとして注目されている。多くの自然を有する生名島には、「いきなスポレク公園」があり、スポーツ合宿村を目指している。

　四国側の起点となる今治市は全国的にタオルの産地として有名であり、「タオル美術館」があり様々な「タオルアート」を展示している。

一般社団法人しまなみジャパン

　2007（平成19）年4月1日に、「瀬戸内しまなみ海道周辺地域振興協議会」と「瀬戸内しまなみ海道観光推進協議会」が統合して、瀬戸内しまなみ海道振興協議会が設立された。広島県尾道市、愛媛県今治市、愛媛県越智郡上島町の2市1町および49の関係団体から構成され、瀬戸内しまなみ海道の地域が一体

となって観光振興事業を推進することを目的とした。協議会は、広報活動に注力し、しまなみ海道総合パンフレット、しまなみ海道サイクリングマップ（日本語、英語、中国語（繁・簡）、韓国語表記）、およびしまなみ海道輪行アクセスマップ（日本語、英語、中国語（繁）表記）を作成し、サイクリング事業を積極的に宣伝した。2014（平成26）年10月25日には、台湾サイクリスト協会（Taiwan Cyclist Federation）との間で姉妹協定の締結がなされ、瀬戸内しまなみ海道と海外トップレベルである台湾の自転車道「日月潭」との交流を目指した。

この瀬戸内しまなみ海道振興協議会が解散、発展改組され、2017（平成29）年3月22日に設立されたのが、一般社団法人しまなみジャパンである。さらなる広域連携を目指し、エリア全体での一貫したマーケティングとマネジメントで、民間事業者と協働しながら産業振興を図るDMO組織である。

設立時の社員と役員は、広島県尾道市、愛媛県今治市、愛媛県越智郡上島町、理事長・菅良二（今治市長）、副理事長・平谷裕宏（尾道市長）、副理事長・宮脇馨（上島町長）、専務理事・合田省一郎（外部人材）、他理事7名、監事1名。行政以外では、商工観光関連22団体がある。

今後は、このしまなみジャパンが牽引し、かつ、みずからを確たるDMOとして成長させながら国内外でブランド戦略を展開し、広域連携による観光関連産業の振興と交流人口増大、そしてさらなる地域活性化に取り組むことになるだろう。

（4）三つのルートの今後

1999（平成11）年5月1日に尾道・今治ルートが開通し、神戸・鳴門ルート、児島・坂出ルートを合わせた3ルートが完成したことで、本州四国連絡橋は事業として一旦の完成を見た。しかし、最近のサイクルツーリズムに代表される体験型観光の隆盛からわかるように、どのルートも、歩道および自転車道

の整備により一層重点を置く必要がある。

　現在、尾道・今治ルートは、芸予海域に点在する9島を10橋で結ぶ全長約60kmの「しまなみ海道」として国内外のサイクリストの注目を集めている。このしまなみ海道は、「地域開発橋」として、歩行者・自転車・原動機付自転車も通行できる構造を持つ。また、サイクリングツーリズムは、後述する「ONOMICHI U2」などの新しい施設を誕生させた。ここ瀬戸内海の景観は、もともと日本で唯一無二のものであり、今後、本州四国連絡橋はより一層有効な観光コンテンツ、観光スポットとなる可能性をはらんでいる。

2．瀬戸内海域周遊横断ルート

　近畿地方、中国地方と瀬戸内の島々や四国地方を結ぶ重要ルートは、前節で述べた三つのルートのほかにも、とびしま海道、かきしま海道などがある。いずれも、瀬戸内海海域における観光周遊横断ルートである。上の二つの海道を前節と同様に紹介する。

（1）安芸灘諸島連絡架橋（通称：安芸灘とびしま海道）

　広島県呉市の南東に位置する下蒲刈島から愛媛県今治市の岡村島までを、安芸灘大橋、蒲刈大橋、豊島大橋、豊浜大橋、平羅橋、中の瀬戸大橋、岡村大橋、の七つの橋梁で結ぶ海道である。

　観光的みどころは、下蒲刈島の三之瀬地区に集まっている。三之瀬は、福山市の鞆の浦とともに、瀬戸内海で二つあった海の関所の一つである。大名や公家らが宿泊する本陣があった場所で「三之瀬芸術文化館」「松濤園」「御番所跡」などがある。御手洗地区は「重要伝統建物群保存地区」に選定されている。

　この海道もまた、「しまなみ海道」と並んで、多くのサイクリストが集う。安

芸灘大橋の本州側起点から愛媛県の岡村島までの 30km がサイクリングロードとして整備されており、交通量が少なく瀬戸内の多島美景観を楽しむことができる。

（2）かきしま海道

　かきしま海道は、呉市の JR 呉駅を起点として、音戸大橋、倉橋島、早瀬大橋、能美島を経由し、江田島市の切串港までの、約 70km のサイクリングロードである。かきしま海道上には、「音戸の瀬戸」と呼ばれる、平清盛が伝説を残した名勝地がある。ここには日本一短い海上定期航路「音戸渡船」を眺めることのできるポイントもある。倉橋島は古代には、長門島と呼ばれ遣唐使船などが往来していた。「長門の造船歴史館」には古代から現代までの木造船模型があり、実物大に復元された遣唐使船では、船内も見学できる。倉橋島には日帰り温泉施設「くらはし桂浜温泉館」もある。江田島には、海上自衛隊第 1 術学校（旧海軍兵学校）があり、ここはかつての海軍将校の養成基地であった。食堂では、近年知られるようになった「海軍カレー」を食べることができる。また、島の周辺では、カヌーを体験できる。全国的に有名な「江田島カキ」の産地でもある。

3．山口県周防大島

　瀬戸内海の島々のうちから、周防大島を取り上げる。山口県の最東端に位置する町で、周防大島とその周囲の五つの有人島と 25 の無人島からなる。隣接する自治体は、大島大橋でつながる山口県柳井市と、いずれも海を隔てて隣合う山口県岩国市、愛媛県松山市、愛媛県大洲市である。大洲市は、2004（平成 16）年に玖珂町、大島町、東和町、橘町が合併して発足した。国立大島商船高等学校があり、また「みかんの島」として知られており、農業生産の殆どはみかん

が占めている。水産業は、瀬戸内海の沿岸漁業を主としている。農業、漁業とも、高齢化と後継者不足に直面しており、特産品（みかん、いりこ、天草など）の六次産業化で打開を図っている。商工業も人口高齢化と人口減少のために、購買力低下などが生じている。現在、観光に力を入れており、上記六次産業化は、商工業や観光の活性化にも期待が持てる。

2015（平成27）年国勢調査データ（総務省統計局）によると、当時の人口1万7,199人は、2010（平成22）年には1万1,885人で、9.9％減である。15歳未満の人口は、1,162人（総人口の6.8％）、15歳～64歳7,106人（同41.4％）、65歳以上の人口8,914人（同51.9％）で、15歳未満の人口割合は、全国平均の12.6％よりも5.8ポイント低く、15歳～64歳の人口は全国の60.7％より19.3％も低い。そして、65歳以上の人口の割合は、全国の26.6％より25.3ポイントも高い。

2017（平成29）年2月8日、筆者は、山口県周防大島町の町長と地元住民からヒアリングを行った。年間約400人の人口自然減の問題について、大島町長へ提言・相談したいという地元地域団体からの要望に応えたものである。

同エリアは、多くの観光客が訪れる観光名所であり、美しい景観と水質、みかんをはじめとする柑橘類、上質なひじきや天草などの特産物が豊富にある。観光による交流人口は増加しているが、定住人口は減少しており高齢化も著しい。UターンやIターンによる若者は微増しているが、島内での仕事が少ないことが課題である。

周防大島には、上述したような好条件を生かして、**若者が観光業に従事できるシステムが必要ではないだろうか。また、漁業についても「採る漁業」から「育てる漁業」への転換を工夫してもよい。**

現在、「道の駅周防大島」がSNSを通じて非常に高く評価されている。**若者が島内に居住・就業するようになれば、島は今以上に活気づくのではないだろうか。**

4．訪日外国人の動向と四国四県の戦略

　2016（平成 28）年 3 月 30 日、首相官邸が掲げる新たな観光ビジョンとして、三大都市圏以外の地方部での外国人の延べ宿泊数の目標数が設定された。2015（平成 27）年の外国人延べ宿泊者数が 2,514 万人であったのを受け、目標は、2020（令和元）年（以降）、7,000 万人泊（2015（平成 27）年の 3 倍弱）、2030（令和 10）年 1 億 3,000 万人泊（2015 年の 5 倍弱）である。

　これに連動して四国は、4 県の外国人延べ宿泊者数 2015（平成 27）年 44 万 1,550 人、2016（平成 28）年 64 万 9,910 人を受け、2030 年までの中間年である 2018（平成 30）年には 93 万人、2020（令和 2）年 125 万人を目標としている。この 125 万人泊達成に向けた戦略として、①観光資源活用、②交通機関等活用、③大都市との連携、④個人旅行者誘客、の四つを掲げている。

①観光資源活用戦略　　体験型アクティビティ、四季折々の魅力の発信、関係省との連携、文化庁による日本遺産認定、農水省のグリーンツーリズム、経産省のコンテンツ産業、環境省による国立公園指定、などが挙げられ、新たな観光資源の発掘が課題である。

②交通機関等活用戦略　　地方空海港におけるゲートウェイ機能強化、交通機関情報 WEB 化による各方面での充実と周遊の促進である。

③大都市との連携戦略　　外国人旅行者の誘客が進んでいる大都市と連携する戦略である。2018（平成 30）年の空港別の入国者数は、三大都市では、成田空港 682 万 2,000 人、羽田 326 万 4,000 人、中部国際 112 万 2,000 人、関西国際 608 万 7,000 人であるのに対し、地方部である岡山空港 4 万 7,000 人、広島 9 万 8,000 人、高松 7 万 6,000 人、松山 1 万 1,000 人、福岡 165 万人、その他空港 406 万人である。連携するメリットは高い。

④個人旅行者誘客戦略　　旅行情報を一層デジタル化して、個人旅行者を
　誘客するねらいである。PR 動画製作、ブログなど SNS 発信、WEB サ
　イト広告の掲載、OTA 登録などである。対象市場は、最重点市場が
　中国、韓国、台湾、米国、香港。そして重点市場が豪州、タイ、シン
　ガポール、カナダ、英国、フランス、ドイツ、イタリア、スペインで
　ある。その他マレーシア、インドネシア、フィリピン、ベトナム、イ
　ンド、ロシアである。

（首相官邸ホームページ「明日の日本を支える観光ビジョン構想会議資料」
www.kantei.go.jp 参照）

　この概要から、訪日外国人観光者の拡大にもっとも重要なことは各都市の地
域間連携であると筆者は考える。まずは、各都市それぞれの歴史、文化、コン
テンツを、SNS や二次交通、イベントなどで連携するための広域プラットホー
ムを設置することである。そして、前節までに詳述した、近畿から九州までを
結ぶ「第２ゴールデンルート瀬戸内」を確立する。これらが実現すれば、確実
に、リピーター層や欧米豪市場の拡大に役立つだろう。

（1）四国における外国人観光客の市場特性

　ここでは、中国、韓国、台湾、アメリカ、香港、オーストラリア、タイ、シ
ンガポール、イギリス、フランス、ドイツ、イタリア、計 12 の国・地域からの
旅行客の、滞在日数と訪問回数を示す。

中国

滞在日数：3日以内2%、4〜6日間50%、7日以上48%

訪問回数：1回59%、2〜3回23.5%、4〜5回7%、6〜9回4%、10回以上 6.5%

　四国における延べ宿泊者は、2015（平成27）年の3万7,110人から2016（平成28）年には6万8,810人と急増した（従業員数10人以上の施設における宿泊旅行統計調査による。以下すべて、同じ調査を参照）。2013（平成25）年からわずか4年で4倍となった（図3-1-1）。滞在日数は1週間前後が多く、また、四国の中でも香川県と愛媛県への訪問が多い。そして、近年特に、四国への訪問が増加傾向にある（図3-1-2）。

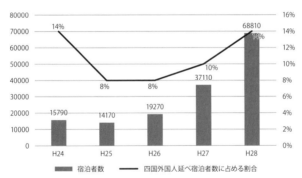

図 3-1-1　四国における中国からの延べ宿泊者数推移
（本項中の図すべて、国土交通省資料に基づき筆者作成）

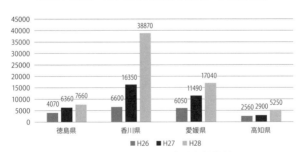

図 3-1-2　県別に見る宿泊者数推移

韓国

滞在日数：3日以内34%、4〜6日間56%、7日以上10%

訪問回数：1回33%、2〜3回31.3%、4〜5回12.7%、6〜9回6.2%、10回
　　　　　以上16.9%

　延べ宿泊者数は、2014（平成27）年から増加、2015（平成28）年には急増
し、6万7,910人となった。2013（平成26）年からわずか3年で約2.5倍と
なった（図3-2-1）。近距離であるために、滞在日数は3日から6日までの短期
的な滞在が多く、リピーターが多いという傾向がある。県別では、香川と愛媛
への訪問が多い（図3-2-2）。

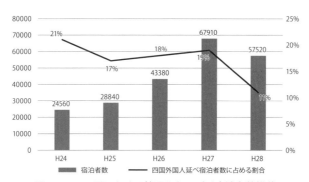

図 3-2-1　四国における韓国からの延べ宿泊者数推移

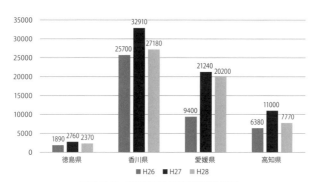

図 3-2-2　県別に見る宿泊者数推移

台湾

滞在日数：3日以内5%、4～6日間69%、7日以上26%

訪問回数：1回18.8%、2～3回30.1%、4～5回17.6%、6～9回13.2%、10
　　　　　回以上20.2%

　延べ宿泊者数は、2014（平成26）年には7万7,430人で、2012（平成24）年
からの2年で3倍になり、2015（平成27）年には11万1,710人と来訪者が急
増し、翌2016（平成28）年には13万2,740人になった。5年間で約5倍となっ
た（図3-3-1）。滞在日数は4～6日間が圧倒的に多く、特に香川県と愛媛県へ
の来訪者が多い。また近年、四国全体への訪問が増加傾向にある（図3-3-2）。

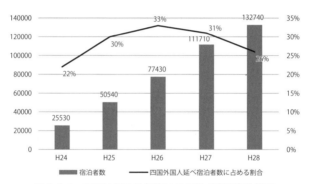

図3-3-1　四国における台湾からの延べ宿泊者数推移

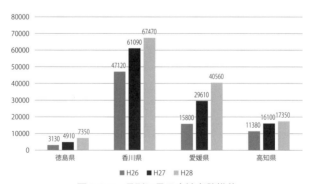

図3-3-2　県別に見る宿泊者数推移

香港

滞在日数：3日以内3%、4〜6日間55%、7日以上42%

訪問回数：1回18.9%、2〜3回26.6%、4〜5回17.3%、6〜9回15.1%、10
　　　　　回以上22.1%

　延べ宿泊者数は、2016（平成28）年には一気に8万7,740人となり、2013
（平成25）年からわずか4年で約9倍近くに増加している（図3-4-1）。4〜6
日間の滞在日数が55%、7日以上が42%で、中・長期合わせて97%を占めてい
る。また、香川県と愛媛県を中心に四国4県すべてにおいて来訪者が増加傾向
にある（図3-4-2）。

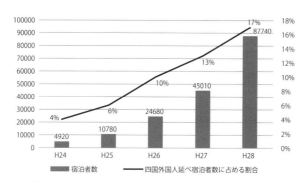

図 3-4-1　四国における香港からの延べ宿泊者数推移

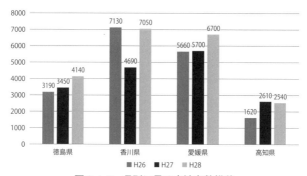

図 3-4-2　県別に見る宿泊者数推移

タイ

滞在日数：3日以内4%、4～6日間50%、7日以上46%

訪問回数：1回35.1%、2～3回32.2%、4～5回14.7%、6～9回7.9%、10
回以上10%

　宿泊者数は、2016（平成28）年の2,710人は、2014（平成26）年の2倍で
あるが、アジア近隣諸国からの来訪者の中でも、四国エリアに訪れる割合は少
ない（図3-5-1）。香港同様に4～6日間が50%、7日以上が46%であり、中期
型滞在が多い。四国4県とも増加しているが、高知県への訪問が最も少ない（図
3-5-2）。

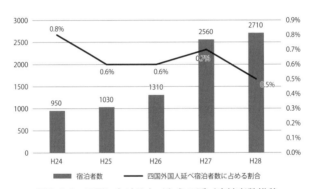

図3-5-1　四国におけるタイからの延べ宿泊者数推移

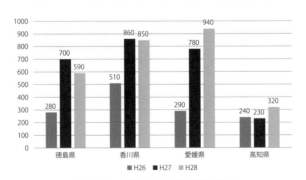

図3-5-2　県別に見る宿泊者数推移

シンガポール

滞在日数：3日以内7%、4〜6日間29%、7日以上64%

訪問回数：1回27.5%、2〜3回30.1%、4〜5回13.0%、6〜9回8.6%、10
　　　　　回以上20.7%

　延べ宿泊者は、2016（平成28）年は4,670人で、2012（平成24）年から5
年間で4倍となった（図3-6-1）。

　7日間以上の長期滞在が64%であり、四国4県の中でも愛媛県への来訪が多
い。徳島県や香川県への訪問も増加しているが、高知県は横ばいである（図
3-6-2）。

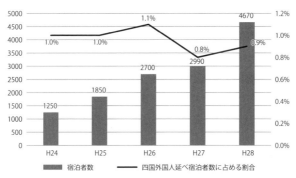

図3-6-1　四国におけるシンガポールからの延べ宿泊者数推移

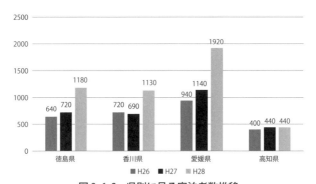

図3-6-2　県別に見る宿泊者数推移

アメリカ

滞在日数：3日以内 10％、4〜6日間 26％、7日以上 64％

訪問回数：1回 49.5％、2〜3回 22.6％、4〜5回 9.4％、6〜9回 5.2％、10回
以上 13.3％

　延べ宿泊者数は、2012（平成24）年の9,850人が、2014（平成26）年に約
2倍の1万7,590人となり、2015（平成27）年にいったん微減し、2016（平成
28）年には2万440人と回復した。来訪者の増加伸び率は一定で推移し、大き
く変動はない（図3-7-1）。7日間以上の滞在日数が64％を占めている。アジア
諸国に比べると滞在日数が長い。これは、移動距離の長さと滞在日数が比例す
る傾向の表れである。香川県や愛媛県だけでなく、徳島県や高知県への訪問も
順調に増加傾向にある（図3-7-2）。

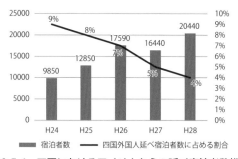

図3-7-1　四国におけるアメリカからの延べ宿泊者数推移

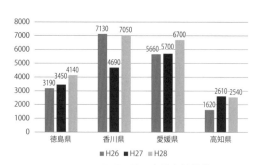

図3-7-2　県別に見る宿泊者数推移

オーストラリア

滞在日数：3日以内5%、4〜6日間12%、7日以上83%

訪問回数：1回57.3%、2〜3回25.5%、4〜5回6.2%、6〜9回4.4%、10回
　　　　　以上6.6%

　延べ宿泊者数は、2014（平成26）年には4,840人、2016（平成28）年には6,360人となり、2013（平成25）年の2,970人から倍増しているが、アジア近隣諸国の来訪者数と比較すると少ない（図3-8-1）。今後さらなる観光政策が必要である。

　7日以上の滞在が83%であることから、やはり移動距離の長さと滞在日数が比例する傾向がわかる。また、香川県、次いで愛媛県の順に多く訪れている。徳島県と高知県への来訪者が増加の傾向であるが、未だ少ない（図3-8-2）。

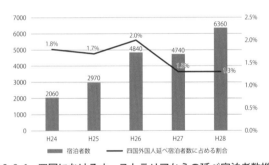

図3-8-1　四国におけるオーストラリアからの延べ宿泊者数推移

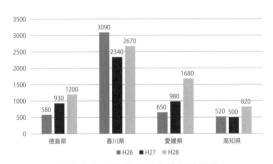

図3-8-2　県別に見る宿泊者数推移

イギリス

滞在日数：3日以内4%、4〜6日間25%、7日以上71%
訪問回数：1回53.4%、2〜3回18.34%、4〜5回6.2%、6〜9回7.8%、10
　　　　回以上14.4%

　宿泊者数は、2016（平成28）年の4,090人は、2013（平成25）年の、約2
倍であるが、アジア近隣諸国と比べれば、圧倒的に来訪者は少ない（図3-9-1）。
7日間以上の滞在日数は71%である。香川県や愛媛県への来訪が多く、徳島県
と高知県への訪問は微増傾向である（図3-9-2）。

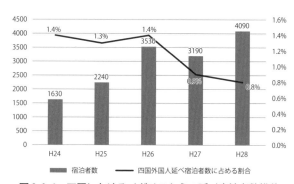

図 3-9-1　四国におけるイギリスからの延べ宿泊者数推移

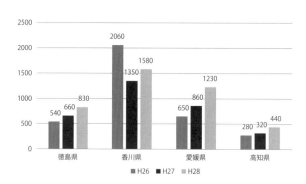

図 3-9-2　県別に見る宿泊者数推移

フランス

滞在日数：3日以内5%、4〜6日間13%、7日以上82%

訪問回数：1回56.7%、2〜3回20.4%、4〜5回8.4%、6〜9回4.8%、10回
　　　　　以上9.6%

　延べ宿泊者数は、2013（平成25）年から2016（平成28）年の4年間で、2
倍の7,060人になった（図3-10-1）。

　7日間以上の滞在日数が82%である。四国4県の中でも、香川県と愛媛県への
来訪が多く、次いで徳島県。高知県への来訪者は減少傾向にある（図3-10-2）。

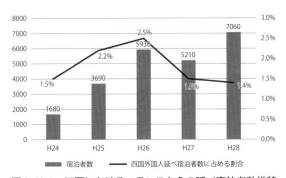

図 3-10-1　四国におけるフランスからの延べ宿泊者数推移

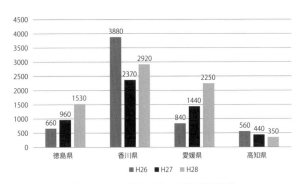

図 3-10-2　県別に見る宿泊者数推移

ドイツ

滞在日数：3日以内6%、4〜6日間22%、7日以上72%

訪問回数：1回48%、2〜3回21.8%、4〜5回10.5%、6〜9回7.5%、10回
以上12.2%

　延べ宿泊者数は、2016（平成28）年の3,760人は、2014（平成26）年とほ
ぼ変わっていない（図3-11-1）。

　7日間以上の滞在日数が72％である。香川県と愛媛県が中心で、徳島県も増
加傾向にある（図3-11-2）。

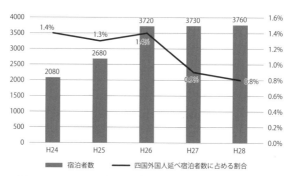

図 3-11-1　四国におけるドイツからの延べ宿泊者数推移

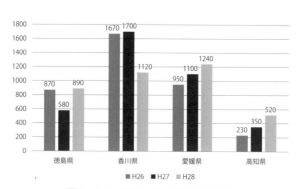

図 3-11-2　県別に見る宿泊者数推移

イタリア

滞在日数：3日以内3％、4〜6日間17％、7日以上80％

訪問回数：1回65.3％、2〜3回16.6％、4〜5回5.5％、6〜9回5.2％、10回
　　　　　以上7.3％

　延べ宿泊者数は、2016（平成28）年は1,280人で、2015（平成27）年の890
人から増加しているものの、ヨーロッパの中で極端に少ない（図3-12-1）。少
ない母数の中で、高知県以外の3県への来訪者は増加傾向にあり（図3-12-2）、
7日間以上の滞在日数が80％である。

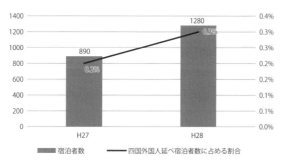

図 3-12-1　四国におけるイタリアからの延べ宿泊者数推移

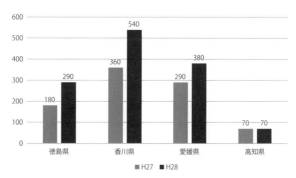

図 3-12-2　県別に見る宿泊者数推移

（上記各国・地域の項すべて、国土交通省四国運輸局観光部資料（平成30年度ビジット・ジャパン（Vj）地方連携事業四国ブロック方針）の、日本政府観光局ホームページ（JNTO）www.jnto.go.jp に基づく訪日外国人消費動向調査参照）

　このデータからわかることは、アジアの近距離国・地域である中国、韓国、台湾からの観光客は、滞在日数4〜6日間が50％を占めることである。その中でも最も近距離である韓国からの訪日客は、滞在日数が少ない。移動距離と滞在日数が比例していることがわかる。また、訪問回数は、リピーターの存在を示している。近距離国・地域には、こうしたリピーターを増やすことが大切である。

　欧米およびオーストラリアからの訪日客は、アジア諸国に比べて移動距離・時間が長いことから滞在日数もその分長いことがはっきりわかる。うち、アメリカとオーストラリアからの訪客には、リピーターも一定数ある。

　ヨーロッパの四つの国は、いずれも長期滞在ではあるが、リピーターがアメリカおよびオーストラリアに比べて若干少ない。

　全体でみても、近距離国・地域からは滞在日数が短く、遠距離国は滞在日数が長いことがわかる。遠距離国でありながら、アメリカからの訪日客が多いのは、就航数に起因するだろう。中国は近距離であり、かつ就航も多く、日本のインバウンドに大きく寄与していることが明瞭である。

　旅行の種類別で見ると、個人手配で訪日するのは、欧米からが80％〜90％で、中国をはじめとするアジア諸国が40％〜50％である。シンガポールのみが85.8％である。

　今後は、**インスタグラムやフェイスブックなどのSNS**によって、消費者は個人からの、事業者は例えばホテル単体からの、いずれも**情報発信が増えること**は確実である。そして、「**ブッキングドットコム**」などの、**ホテル予約サイトが一層充実し、さらにそれによって、中国その他の国々でも個人手配旅行が増え**

ることが予想される。このことは、ICT の活用が、そこがたとえローカルエリアであれ、**観光地として注目される可能性**をもたらすことを示している。

5．事例紹介

（1）商船三井グループ

　株式会社フェリーさんふらわあのフェリー「さんふらわあ」の瀬戸内（大阪－別府）航路の開設は、大阪商船が最初に就航した 1912 年にまで遡り、その歴史は 100 年を超える。日本有数の景勝地である瀬戸内航路は、国内で人気を博したが、1975 年に昼の航行を止め、物流を中心とした夜間のみの運航となった。そして 2011 年 10 月、阪神・別府航路開設 100 周年を記念し、「よみがえる昼の瀬戸内航路」を実施し、年 2 回限定の特別運航を始めた。これが顧客から評判となり、2012 年以降は、神戸・大分間で年 4 回の特別運航「昼の瀬戸内感動クルーズ」が実施されるようになった（2020 年より「昼の瀬戸内カジュアルクルーズ」に名称変更）。

　瀬戸内航路そのものを振り返ると、昭和中期までは航行船の多くが客船であったが、山陽本線の延伸や空港の増加に伴い、水路を行くのは客船から物流主体の内航船へと移り変わった。現在、阪神・九州間の瀬戸内を航行する船は、すべてフェリーであり、客船は存在しない。瀬戸内海沿岸地域の物流は、トラック輸送が中心となった。

　通常のフェリーさんふらわあの航路は、夜間に運航する物流中心の航行で、航路は大阪南港－別府港、神戸港－大分港、それに大阪南港－鹿児島志布志港である。土日はトラックの需要が少ないため、神戸からの昼便がある。夕方発・朝方着の通常便の乗車率は、トラック 65％、旅客 35％の割合で、トラック乗船による収益が主体である。

「昼の瀬戸内カジュアルクルーズ」は年4回就航する。神戸六甲港を午前10時15分に出航し、明石海峡大橋を午前11時40分、瀬戸大橋を午後15時8分、来島海峡大橋を午後17時30分に通過するルートをたどる。これは、昼の本四連絡橋の景観を楽しみたいという観光客のニーズに応えるルートである。日曜日のクルーズは、トラックの下り便利用が少ないため、別府便に寄せることが可能である。

　船内のイベントは充実しており、操舵室の見学や星空教室の開催、音楽イベント等の多様なメニューが用意されている。「昼の瀬戸内カジュアルクルーズ」は、設定数350名に対し、平均250名の参加人数がある。高い等級の個室が人気で、リピート率は10%～15%にのぼる。

　筆者は、2017年9月5日に株式会社フェリーさんふらわあ代表取締役社長の井垣氏にヒアリングをおこなった。その内容をここにまとめる。

　　当プランは発売してすぐに、シニア層を中心に高級な船内から完売していった。瀬戸内クルーズは、外国人と日本人シニア富裕層のニーズに適しているのではないかと考えている。将来的にも、瀬戸内クルーズを重要なコンテンツとしみなして、欧米人の旅行客の獲得を目指している。ただ、現在の主たる収益は物流によるものである。

　　2018（平成30）年、大阪・鹿児島志布志ルートに新造船を就航させる予定である。観光客のニーズの多様化に対応したものである。とはいえ、こちらもトラックなど、フェリーとしての物流の需要が収益の柱なので、現況としては観光クルーズのみの就航は、メドが立っていない。そもそも新造船には多額のイニシャルコストがかかるため、観光に特化するのには問題が多く、今後の検討課題である。

　このような現状を鑑みると、今後の瀬戸内ルートの回遊性の充実のためには、小型クルーズ船の運航を提案したいが、いかがであろうか。

（2）両備ホールディングス

　両備ホールディングスは、1910（明治43）年西大寺鉄道として設立された備前地区のリーディングカンパニーである。現在は、岡山県南部を中心に主要な営業エリアを有する、地域密着型の交通運輸会社である。近年は、高速バスや市内交通だけではなく、観光にも力を入れており、中四国における高速バスの運行を行っている。2007（平成19）年には、国際フェリー（高松−池田港（小豆島））の全株式を取得し、完全子会社化により、両備フェリーグループは岡山・香川双方からの小豆島航路を四国フェリーに続いて獲得している。2010（平成22）年には、神戸港で観光遊覧船を運航する神戸ベイクルーズ有限会社を完全子会社化しており、両備グループ初となる定期観光遊覧船運航を開始している。

　高速バス路線は、東京・横浜−岡山・津山間で運行し、首都圏と岡山の交通手段として重要な大動脈となっている。京都、大阪、神戸にも高速バスを運行しており、こちらも関西圏の交通手段の大動脈となっている。また、中国四国地方では、松江−出雲、米子−松江−出雲、広島、徳島、松山、高知、北九州という充実で、観光を含めた地域間交流の重要な交通機関である。

　「人を運ぶ」「モノを運ぶ」「情報を運ぶ」をモットーとしており、両備グループの事業セグメントとして、「トランスポーテーションとトラベル部門」、新たな技術で次世代を創る「ICT部門」「くらしづくり部門」、都市再生と新時代のまちづくり「まちづくり部門」を有しており、運輸物流をベースに観光まちづくりを岡山、瀬戸内、中国エリアにて行い、地元への貢献を行っている。

　　（両備ホールディングスホームページ　www.ryobi-holdings.jp 参照）

（3）瀬戸内国際芸術祭

　瀬戸内海は、古来より交通の大動脈として重要な役割を果たしてきた。瀬戸

内国際芸術祭は、この瀬戸内において、島の住人と世界中からの来訪者とが交流し、島々が活力を取り戻し、島の伝統文化や美しい自然を生かした現代美術を通して瀬戸内海の魅力を世界に向けて発信し、地球上のすべての地域の「希望の海」となることを目指して発足した。芸術祭は、瀬戸内の島々を中心とした各地に展示される芸術作品やアーティストそして劇団・楽団などによるイベント、地元伝統芸能や祭事と連携したイベントなどで構成されている。

　3年に1度、春、夏、秋の各会期を中心に開催される ART SETOUCHI は、2010（平成22）年に第1回が開催され、105日間の開催期間中に約94万人が来場した。第1回のタイトルは「アートと海を巡る百日間の冒険」。2013（平成25）年の第2回目開催タイトルは「アートと島を巡る瀬戸内海の四季」で、会場は香川県から5島と岡山県宇野港一帯が新たに加わり、108日間開催し、約107万人が来場した。2016（平成28）年の第3回目開催タイトルは「海の復権」で、約104万人が来場。来場者数は安定的に推移している。会場は、第1回が直島、豊島、小豆島、女木島、男木島、大島、犬島の7島と、高松港周辺、宇野港周辺であった。第2回目は、これらに本島、高見島、栗島、伊吹島が加わり11島となり、以後これを「対象離島」としている。第3回はここに沙弥島が加わった。第4回の2019年度は、第3回と同じ会場で開催され、107日間に約118万人という過去最多の来場者数となった。

　組織運営は、瀬戸内国際芸術祭実行委員会が主体であり、会長は浜田恵造香川県知事、名誉会長は初代会長でもある真鍋武紀前香川県知事、副会長は大西秀人高松市長が、それぞれ務めている。総合プロデューサーは、福武總一郎公益財団法人福武財団理事長、総合ディレクターが北川フラム氏である。構成団体は、各市町村を含む47団体からなり、オブザーバーとして岡山市、岡山県商工会議所連合会、岡山大学が参加している。

　　（瀬戸内国際芸術祭ホームページ「瀬戸内国際芸術祭2016総括報告書」、「同2019総括報告」http://setouchi-artfest.jp 参照）

　瀬戸内国際芸術祭は、香川県や岡山県の島々を舞台に開催される現代アート

の祭典であり、美しい自然を有する瀬戸内の島々に活力を取り戻すために行われる、地域活性化型アートイベントである。国際芸術祭であるから、多くのアート作品と瀬戸内海の島々の自然や文化を体験・体感するために、国内はもちろん、国外からも多くの人々がやってくる。瀬戸内での交流人口が増大し、なおかつ、芸術祭は、観光の「見る」「食べる」「買う」「する」の4要素で来訪者の満足度を満たしていると言える。3会期合わせて、100万人前後の来場者数がそれを証明している。

　また、2019年には、開催に向けて、国内外に対して瀬戸内地域の情報発信をより効果的に行うために、芸術祭と同時期に他の瀬戸内地域で実施されるアートイベントを「瀬戸内芸術祭2019「県内連携事業」」として公募し、12件の事業と相互連携を行った。これらは今後、瀬戸内海沿岸地域の地域間都市間交流の広域モデルとなる取り組みである。

（4）常石ホールディングス

　常石造船ホールディングス株式会社は、造船・海運・エネルギー・ライフ＆リゾート事業を展開しているが、ここではその中の「ライフ＆リゾート」事業に焦点を当ててみたい。

　客船GUNTU（ガンツウ）は、広島県福山市の常石造船工場で建造され、2017（平成29）年10月17日に就航した、「瀬戸内に浮かぶ小さな宿」をコンセプトとしたラグジュアリー客船である。広島県尾道市にあるベラビスタマリーナを発着地として、瀬戸内海沿岸を周遊している。船に搭載したテンダーボートを利用し、各地の祭りやイベントそして無人島などにも乗船客を案内している。建築家の堀部安嗣氏が設計し、客室は、木材を多用した全室テラス付きのスイートルームである。料金は、ガンツウスイート90平米で1泊1室90〜100万円（2名利用）、グランドスイート80平米で1泊1室70〜80万円（2名利用）、テラススイート50平米で1泊1室40〜50万円（2名利用）。これは、広島空港

およびJR福山からベラビスタマリーナまでの送迎、船内での飲食や船外体験料金すべてが含まれている。

「ベラビスタスパ＆マリーナ尾道」はリゾートホテルである。瀬戸内海沿岸は古くから造船業が盛んな地域であり、ベラビスタは造船業を営む常石造船の顧客のための迎賓館として1973（昭和48）年に誕生した。その後、瀬戸内海を一望できる客室やスパをリノベーションし、2007（平成19）年9月に「ホテルベラビスタ」となり、ヨットやクルーザーを停泊したまま滞在できるよう、マリーナも併設した。「ベラビスタ」とは、イタリア語で「美しい眺め」という意味である。料金は部屋のタイプにもよるが、1泊1室3万5,000円〜5万5,000円前後（部屋代のみ）の価格帯に限定されている。

「ONOMICHI U2」は、2014（平成26）年に開業した。尾道駅から至近距離に位置し、旧港エリアの県営上屋をリノベーションした観光複合施設である。常石グループ関連会社が借り受けて管理・運営に当たる。最大の特徴は、ターゲットをサイクリストに特化していることだ。「HOTEL CYCLE」では、自転車ごとチェックインして、各部屋に自転車をもっていくことができる。JR尾道駅から至近で、海に面したロケーションもいい。宿泊料は、ツイン1泊1室1万8,200円から、デラックスツイン1泊1室2万2,200円からに設定されている。

筆者が上記三つの施設を視察してわかったのは、ツネイシホールディングスは、地域雇用や地域貢献にこだわり、また、既存産業の強みを活かしつつ日本の新しい産業として観光に着目しているということだ。

また、この3施設はそれぞれターゲットを区別している。「瀬戸内海を楽しむ」という大きなコンセプトは同じであるが、価値観づくりや目的の違いを明確にしている。価格帯で区分すると、GUNTUはスーパーラグジュアリー、ベラビスタはアップスケールからラグジュアリー、そしてONOMICHI U2はミッドプライスである。前二者は基本的にフルサービス型のホテルであるが、後者は、最近の観光開発のトレンドであるサイクルツーリズムに対応しており、サイクリストの聖地であるしまなみ海道の重要拠点になっている。

　しかしながら、すべてに共通するのは、いずれも各クラスに応じた「**体験型観光**」「**景観**」「**地産地消の食**」などにこだわっていることだ。ここでは、**小長谷による観光3要素である「見る」「買う」「食べる」を十分満たしている**。特に、ONOMICHI U2 は、上の3要素に加えて、**サイクリングという、「する」すなわち「コト消費」の要素も備えており**（筆者による4要素）、**インバウンドの多様化するニーズにも十分に対応できるだろう**。また、ベラビスタとONOMICHI U2 は共に、古い建物をリノベーションした施設であり、このことは、**創造都市的戦略**（後述）の観点からも優れていると言えるだろう。

6．着地型観光

　着地型観光とは、旅行客を受け入れる地域（着地）が、その地域性を活かした商品や旅のプログラムを企画・運営する新しい観光業態である。ここでは、この着地型観光を成功させるためにはどのようなプロセスが必要なのかを考えてみたい。

　まずは、地域住民が一体となり、プラットフォームとなる任意団体をたちあげる。次に、地域住民の窓口を一本化する。これによって、行政機関との交渉、企業との連携がスムーズに行えるようになる。この任意団体が地域の自治体とつながり、次には法人化を目指すことが望ましい。第2節で紹介したDMO「一般社団法人しまなみジャパン」がその例である。法人化することで、マーケティング機能を有し、かつ地域住民のかじ取り役としての組織となる。そして、地域資源や観光資源、さらには新しい担い手を発掘する。こうして、地域全体を一つの企業組織のように機能させることで、ニューツーリズムに対応できるようになるだろう。

　小長谷・福山・五嶋・本松（2012）は、日本の集客業の主力はテーマ型集客施設すなわちテーマパークであるといっても過言ではない、としている。確か

に、日本のテーマパークの現状を見ると、テーマパークでもって地域間競争を行っている感は否めない。しかしながら、こうした状況を、良くも悪くも日本の特質の一つととらえたうえで、2021年の東京オリンピックまでの日本全体の観光はどうあるべきかを考える必要がある。そうするとおそらく、地域主体のマーケティングを活用した地域活性型観光、すなわち着地型観光が重要となるのではないか。小長谷ほか（2012）は、まちづくり、地域づくりの条件として、①地元組織がしっかりしていること（ソーシャルキャピタル原則）②隣町と違うことをやっていること（差別化原則）③顧客志向で独りよがりでないこと（顧客マーケティング原則）をあげ、ニューツーリズムの消費者行動論と着地型観光の生産者サイドの企画プロセス論が一致しなければ、マーケティングは成功しないと述べる。このことをふまえると、着地型観光では、新しいマーケットの発掘は、まず何よりも**消費者と生産者（すなわち来訪者）と地域住民との交流**が必要である。そうして初めて、その観光資源を成長させ、拡散させることが可能となる。**消費者のニーズと生産者のニーズが一致することで地域活性化というコーズ（大義）**もまた達成可能となる。観光におけるコーズとは、**地域の観光事業が新しい産業の一つとなり**、来訪者と地元地域住民が交流することで交流人口の増大と地域間交流が活発になることである。こうして両者に**ロイヤルティ**が発生する。そしてそれを持続させる努力と追究は、**定住人口を増加**させることにつながり、さらには**地域の存続と発展**につながる。

　本章では瀬戸内海各地の観光動態などを概観してきたが、着地型観光の視点から見直すと、たとえば、瀬戸内芸術祭では、それまで人がほとんど立ち寄らなかった犬島は、古い施設を美術館として再生して芸術祭の中でも人気のスポットになり、今では現代アートの島として知られるようにさえなった。

　このような既存資源の活用こそすなわち地元の観光資源の発掘であり、着地型観光を支え、発展させる。また、しまなみ海道の整備もほぼ同様のことがいえるだろう。現在の瀬戸内海での観光動態がおおむね好調であるのは、着地型観光の視点と手法が根付いてきたからに他ならない。

港町の再生戦略

── 歴史的旧港・新港モデル ──

1. 港町の衰退と再生

　近代以降、鉄道網が張り巡らされたあとも、港は、鉄道（陸）と船（海）の接点であり続け、文化を作り、賑わいをもたらした。港町の構造が変わるのは、物流の中心が自動車に転換する高度成長期以降である。運河が高速道路に取って代わられ、都市の構造を変えた。港と町の機能と関係が分離し、港湾物流施設が移転した巨大な新港には町の要素はなくなり、近世以前に栄えた港町は漁村となった。そこには当然、人口減少と高齢化が伴った。港湾荷役の姿も変わった。こんにち主流の、コンベヤーやフォークリフトなどを導入した「革新荷役」と呼ばれる機械化した労働とは異なり、かつては人力による荷役が主体であった。「沖仲士」は、そのような時代に、本船から貨物に荷を運ぶ労働者のことである。労働者と雇用者の関係は不安定であり、いわゆる「日雇い」で、怪我も病気も自己責任であるのがほとんどであった。

　現在の日本での港町のイメージとはどんなものだろうか。今、「港」から抱くイメージは、「港町」ではなく、コンテナが立ち並ぶ港湾か、あるいは漁港ではないだろうか。しかしながらかつて、港湾荷役の職場と町は隣接・一体化して

おり、荷役労働者が港町に活気をもたらしていた。そこは、官庁街であり、住居エリアであり、同時に歓楽街でもあった。地域経済の活性化で、より一層の商業集積も起こり、港町独特の文化が形成され、栄えた。過去の歴史と、そこに「職」と「住」が混在する港町の文化が加わり、混沌とした、港町独特の環境が形成されたのである。

今でも、港町が衰退したエリアには、以前の賑わいの光景や、古い映画で見る風景の残像がある。それは、人間の五感を通じて立ち上ってくる。少なくとも筆者はそう感じる。本書を出すに当たって、筆者がもっとも訴えたかったのが、ほかならぬ（旧）港町の再生である。

目に浮かぶ（視覚）のは「海」「船」、それに、船着き場。聴こえてきそうな（聴覚）船舶のエンジン音や汽笛、鼻先に漂ってきそうな（嗅覚）、異国の食べ物の匂い。外国航路はさまざまな食文化を港に運びかえった。それに、港は経済の中心でもあったので、社用で用いられる料亭から、労働者が集う立ち飲み屋まであった。嗅覚と味覚は近い。それに嗅覚といえば、まずは潮の匂いだ。そして港では船体に触れられる（触覚）ような、乗船できそうな気分が高まる。

この独特の風情のある港町は、観光地として再生することが可能である。実際に、再生された旧港の地域は、海外にも国内にもいくつも存在する。

今、旧港を活用・再生させない手はないと思う。港町のイメージ戦略とは、まずは旧港のイメージを人工的に復活させることから始まる。そのためには、地域マーケティングを活用して、地域の人々の手も借りる必要がある。その後、港町ブランドの強化、次に港町船員文化のイメージ再生（リノベーション）を図る。そうしてその町で、港や海でしか体験できないレジャーで来訪者（観光客・消費者）を満足させれば、消費者のロイヤリティへの形成となるばかりでなく、同時に地域の活性化につながるだろう。

（1）五感を刺激するマーケティング

　消費者（旅行者）ニーズが団体旅行から個人中心の旅行と移り変わっていることを受け、これからの観光における商品開発は、より個性あるものが重要となる。すなわち、消費者ニーズの多様化に対応した商品構成の多様化である。小長谷ほか（2012）は、ニューツーリズムは、エコツアー、産業観光、ロングステイ、ヘルスツーリズム、グリーンツーリングと多種多様であり、これはニーズの変化による消費者行動であり、一方で、着地型観光は、観光地である地域が主体となり生産者サイドが商品企画を行う地域発信開発型プロセスである、と述べる。

　したがって、消費者のニーズをつかむことが、地域や企業にとって最も重要な課題であるが、それでは、これまではどのようにして生産者が消費者のニーズを把握してきたのであろうか。基本的には、アンケート調査やモニターなどのマーケティングリサーチを行い、それをもとに企業が選好し、マーケットへ商品と情報を発信してきた。しかし最近は、**情報の多様化と高速化、そしてICTの進化**により、マーケットに変化が訪れている。すなわち、**生産者サイドの情報発信が恒常的に行われるようになった**ことで、**消費者は情報収集が容易になった**。つまり互いの壁が低くなった。このことを踏まえて今後の観光開発を予想すれば、まず**消費者（来訪者）は現地を訪れた瞬間から情報発信することで、一種の生産者となり、さらには地域と一体となって地元の観光資源を発掘する**。次の段階では、**来訪者は地域住民主体の着地型観光に参加する**。すると、彼ら来訪者の中に、**ロイヤリティ**がうまれ、その地域の特別な支援者と変化し、**地域住民の予備軍**となっていく。こんな流れが可能になってくるだろう。

　本書はここまでに、**小長谷による観光3要素**（「見る」「買う」「食べる」）、筆者による、そこに「する」を加えた**4要素**を用いて観光を分析してきたが、ここでさらに筆者は、上述の昨今の情報発信の重要性から、「つながる」という要素を追加した「松本5要素」もまた、分析ツールとしたい。

観光地に対するロイヤリティが形成される過程においては、人間の感情が大きく左右する。感情は、五感を刺激されることで生じる。宮本・植田・伊藤・松原（2011）は、来訪者はそのエリア内において五感を通した体験ができることで観光地を評価していると述べる。

　筆者は、五感（感覚）はイメージ形成の重要な要素であることから、来訪者（消費者）と地域（事業者）の双方に、その地域に対して抱くイメージの差異や共通部分をアンケート調査すべきである、と考える。港町（地域）で、事業者および来訪者を対象にアンケート調査をすれば、まずは来訪者の「港町」に対するイメージから形成される消費行動が予想できる。その結果、来訪者がいかに五感（視覚・聴覚・触覚・味覚・嗅覚）で、その地域（港町）を捉えているかを把握することで、観光資源の発掘と開発に大きな効果をもたらすだろう。

　ここまで、小長谷による「見る」「買う」「食べる」の観光3要素、次に筆者による「みる」「買う」「食べる」「する」の4要素、それに「つながる」を加えた筆者の5要素を、それぞれ解説してきたが、いずれもこれら観光の要素の土台は人間の五感（「見る」「聞く」「触れる（する）」「食べる」「嗅ぐ」）にある。

（2）官民一体の地域活性化

　港町の成長と衰退の過程では、企業の産業構造の変化と地域住民の生活の変化、そして行政機能の変遷を理解する必要がある。港湾を管理するのは、国土交通省港湾局、それに地方自治体などの組織であるから、再生を試みるのには、これら公的機関との連携も必要である。

　地元主体のDMO型組織はここでも重要である。今、旧港を再生するには、このような組織が主体となり、企業や公的機関との連携をリードすること必要だ。
〈地域活性化＝企業＋地方自治＋中央官庁＋地元住民の地域組織（DMO型）〉
　次の図4-1は、上に述べたことに、さらに有効な要素を若干加えて作成したものである。

図 4-1　地域プラットフォームの有効性
（大阪市港区　令和2年度海とまちをつなぐ公民連携にぎわい創出事業
プロポーザル資料　松本2020実践モデルより筆者作成）

　また、文化コミュニティとしての地域の寺院や神社の重要性については、後
述する。

松本モデル

　松本（2016b）は、戦後に旧港・旧都心から新港・新都心へと経済的重心が
移動したあと、ポストモダンを経て、ふたたび、旧港の再生によるまちづくり
が重要となった、と述べ、横浜、神戸、門司の共通点を抽出・分析し、以下の
四つの「旧港再生モデル」を見出した。

　①創造都市的戦略
　　アートや歴史を活かして雰囲気をつくる。旧港には古い歴史・文化が

残っており、その個性を活かすことは優れた創造都市的戦略である。

②回遊性・モビリティ向上戦略

　旧港の再生を考える場合のもう一つ解決しなければならない課題は、観光の「足」、すなわち「回遊性」の問題である。旧港地域はもともと、物流の機能に純化した地域であり、人間の移動、特に公共交通は弱いか存在していないことが多い。回遊性の弱さは、観光開発をする上で致命的でさえある。この弱点を克服するために、個人公共交通ともいうべき、超小型モビリティ、たとえば2人乗り程度の超小型モビリティを導入するところが実際に増えてきている。超小型モビリティ EV の中には、原付免許で運転できるものもあり、また国交省が、観光・地域振興だけではなく、環境面や渋滞問題解消のために、使用する組織に対する補助金の支給などで応援しており、導入を促進している（松尾 2015 など）。

③旧港再生における港湾行政と都市計画行政の融合

　「地域地区」とは、都市計画法に規定された 21 種類ある地区のことで、「臨港地区」はその一つだ。港湾区域に接し、その区域と一体となって機能する陸の区域が臨空地区であり、旧港は臨港地域である。そして、地域地区と指定された区域では、建築物の用途や高さなどが制限される。したがって、旧港地区を観光や創造都市政策で再生するためには、港湾行政と都市計画行政の間での調整が常に生じる。

④旧港再生のためのコミュニティ理論＝地元中心の着地型観光をめざす

　なぜ旧港は地域再生のてがかりとして有望なのか？　それは古いコミュニティがあり、地域愛があるので、あとは新しいアイデアを受けいれる開放性があれば、現代的なソーシャルキャピタルが豊富な地域となり（塩沢・小長谷編 2007、2009）、みんなが協力して地域活性化が進みやすい条件がそろうからである。また、民間企業が主体となる、地元型観光＝着地型観光がこれからの流れであり、そのための着地型組織が重要となる。

（3）港構造モデル　──伝統的コミュニティの重要性──

　前項で掲げたモデルから考察すると、港町には「コンパクトシティ」の要素、「創造都市」の要素、「産業構造転換（コンバージョン）」の3要素がある、と言えるだろう。この項では、横浜港、神戸港、門司港、大阪港、そして香川の引田港を例に取り、港町と神社・寺院とのかかわりからその特徴を述べる。そして最後には、瀬戸内海全体を概観して述べる。そうして、地方創生、地方分権の現代における旧港復活モデルに基づいた都市再生の戦略を考える。

横浜・厳島神社（弁天社）

　横浜において、港の変遷と都心の変遷を概観すると、いずれも厳島神社（弁天社）の存在が見落とせないことがわかる。横浜港は、江戸時代末期に締結された日米修好通商条約により、漁村であった横浜村に建設され、1859年に開港した。当時の横浜村にあたる場所が、現在の関内エリアである。弁天社の始まりは14世紀までにさかのぼり、場所も今より少し南西に行ったあたりにあったが、1696年、現在の中区羽衣町に移転した。石渡（2006）によると、「開港後も弁天社は1869（明治2）年の横浜町の街区拡張のため移転を命ぜられるまであり、1860（万延元）年6月2日には開港1周年記念目に神奈川奉行の命により大祭を行い、以後この日を例祭日に改め、関内地区周辺のシンボルとして庶民に親しまれ続けることになる。弁天社移転後も、例祭日には弁天通り沿いに提灯が並べられ、弁天信仰が厚いことを裏付けている」。この地は景勝地として知られており、開港前から弁天社は多くの人でにぎわい、開港後、そして移転後も鎮守として、横浜市民に親しまれている。そもそも弁財天は、インドの河神であり、「水」に関係しており、航海の無事や海上貿易の発展を願って祀られる神様である。長きにわたり、地域のコミュニティ形成に大きな影響を与えていたのが、ここ弁天社である。

神戸・生田神社、三宮神社

　横浜と並んで港町の代表である神戸は、今、転換期を迎える大阪に隣接する。南北朝時代の湊川の戦いで知られる湊川は、過去に何度も氾濫し、20世紀になってから付け替えられる。旧湊川の流路が整備してできた町が現在の新開地で、1930年ころまでは、現在の神戸駅が官庁街として、新開地が商業都心としてそれぞれ繁栄したが、戦後の社会的変化とインフラの変遷で、商業の中心は三宮に移る。

　一方神戸港は、古くは平清盛による大修築で知られる「大和田泊」が江戸時代には「兵庫津」と呼ばれ、京都や大坂へと入る寄港地としてにぎわった。その後、「兵庫港」から現在の神戸港の名称となり、外国人居留地ができ、神戸港は発展を続けた。1981年ポートアイランド竣工、1988年六甲アイランド住宅街への入居開始。この両者に物流機能としてコンテナヤードが確立。バブル期になり神戸メリケンパークが1987年に開始、その後は1992年に神戸ハーバーランドが街開きしたた。

　小松（1995）は、神戸の都心が、昭和初期までは新開地から神戸駅であり、その後、鉄道駅が集積する三宮に移ったことから、神戸は兵庫津を中心にして繁栄してきた歴史がある、と考察する。

　都心機能は移転したが、港湾物流機能は、新港地区から、ポートアイランド東部、そして将来的には六甲アイランドへと移転しつつある。

　その神戸の中心といっていい場所に生田神社はある。生田神社は、かつて中央区一帯がその社領であった神戸を代表する神社の一つであり、日本書紀には西暦201年にさかのぼるに由緒が記されている。そこには、今の神戸港で進めなくなった船の前に現れたのが、生田神社の祭神である「稚日女尊」と語られている。三宮の中心に位置し、今も参拝客は絶えない。水害や空襲、大震災に見舞われながらも復興を遂げてきた。市民からは「生田さん」の愛称で親しまれている。

　生田神社の氏子地にある、「一宮」から始まり「八宮」まである八つの神社

（生田裔神八社）の一つが三宮神社である。大きな神社ではないが、大丸神戸店が目の前の、町のど真ん中にある。

　神戸市民の心の拠り所ともなっている生田神社と、神戸のど真ん中に位置する三宮神社。その規模はかなり異なるが、いずれも地域コミュニティの中心的役割をなしている。

北九州・門司港

　本州から九州への玄関口である関門海峡にある門司は、古くから交通の要所であった。門司港（現在は北九州港）は 1889 年に開港、物流貿易の起点になる。その後物流のみではなく、戦時の輸送も担い、さらには欧州航路の寄港地にもなり、港は目覚ましい発展を遂げたが、第二次世界大戦後は、貿易の縮小や石炭の輸出が減り、低迷・衰退した。

　門司区にある和布刈神社は関門海峡に面して社殿があり、海上交通の神が祀られている。すぐそばの和布刈公園からは、関門海峡の急流やその海峡を行き交うコンテナ船が眺められる。ここは北九州屈指の観光地でもある。同じ門司区内でも住居地区にある甲宗八幡神社は、西暦 860 年建立とされる。区内で最大の氏子区域を持ち、門司港の第二船溜まりに近く、港町の形成に影響を与えている。岡本（2008）は、甲宗八幡神社から北側、海岸に沿った一帯には集落が続くが、ここは江戸時代に港町としての繁栄を終えても漁村であり続け、また、海岸線は岩場であり、巨大な埠頭が望めないにしても、ここが中世門司の中心的な場所で、明治の早い時期には、軍の施設が現在の和布刈公園辺りに置かれた、と述べる。

　そして門司港は 1995 年に「門司港レトロ」として再出発を果たした。今では年間 200 万人以上が訪れる観光地である。この「門司港レトロ」については、次節で詳述する。

大阪の港町の構造

　大阪市港区には、多くの神社がある。三社神社、三先天満宮、三津神社、福崎住吉神社などである。このエリアを徒歩か自転車でくまなく踏査すると、盛り土や嵩上げが体感でき、しばし新田開発の歴史に思いを馳せる。新田開発の事業は当然、海運事業者、漁業関係者および諸官庁と深く関わる。

　築港にある港住吉神社は、1842（天保13）年に航海や漁労の安全を願って住吉大神を祀ったときに始まった。長きにわたった新田開発の後期にあたる時期である。今、ここには二つの鳥居と一つの鳥居跡がある。正面の鳥居は築港エリア（官庁、企業、商業、歓楽街）に、神社裏側鳥居は港晴エリア（港湾荷役、潜水士などの港湾労働者の町）に、現存しない鳥居は築港中学校側、八幡屋エリア（船運、漁業関係者）に、それぞれ面している。神社自体が、多様な港町文化を表していると言えるだろう。

かがわ市・引田港

　松本・古川（2001）が取り上げたのが、この引田港である。

　船が出帆する前に順風を待つために立ち寄る港や湾などを「風待ち港」というが、引田港も「風待ちの港」として栄えた。現在の引田は、漁業をはじめとする第一次産業のほか、歴史のある醤油の醸造や、手袋の生産、そして近年は観光業にも力を入れている。

　誉田八幡神社は引田の氏神とされており、この誉田八幡神社から本町通りにかけては、城下町の風情が残る。1976（昭和51）年には、誉田八幡神社社叢が香川県の自然記念物に指定された。毎年10月に行われる例祭のメインは、大きな槍を投げる勇壮な「投げ奴」である。神社への崇敬を表し、厄災除け、海上安全を祈願する。

瀬戸内海の港町と神社・寺院

　各港町は港としての機能だけでなく、都心としての機能を持つことで、交通・

物流・経済（ヒト・モノ・カネ）が集積した。瀬戸内海沿岸は変遷をとげながら現在も、重工業や石油化学産業が多数立地し、また、当地の豊かな農産物や海産物は枚挙にいとまがない。

そして、瀬戸内海の海上交通を守る神は、住吉三神、いずれも「神の島」とされる厳島と大三島、そして誰もが知る金刀比羅である。

住吉三神を祀る神社は日本各地にある。「住吉」はかつて「スミノエ」と読み、「墨江津（スミノエツ）」は、今の大阪の上町大地に流れる川に建設した港のことである。墨江津と、大阪北川の浪華津は、大阪港発祥の地であり、奈良時代の遣唐使は、現在の大阪市住吉区にある住吉大社で海路の無事を祈願したという。

厳島神社は、安芸守・平清盛以来、平家から崇敬され、貴族を中心とした厳島信仰が浸透した。

大三島の大山祇大山紙神社は、その創建は神話時代にさかのぼり、全国にある山祇神社の総本社である。山の神、海の神、戦の神であることから、朝廷や武将から崇敬された。神社の「国宝館」には、源義経と源頼朝が奉納した鎧が展示されている。

香川県琴平町の象頭山に鎮座している金比羅宮。金毘羅神は近世に入ってから、船頭らの船乗りが中心となって信仰された。1753（宝暦3）年には大坂から金比羅船という客船が参詣を目的として、定期航路を確立した。これは日本最初の旅客船航路と言われる。

上記以外にも、瀬戸内沿岸には数多くの神社が点在し、船舶関係者が海上の安全を祈願した。そして海にまつわる神事やお祭りが絶えずとり行われている。前節の繰り返しになるが、瀬戸内海においてもまた、港町が神社や寺院と大きくかかわりながら変遷・発展してきたことがわかる。

このように、**港町構造モデル**は、古くから神社や寺が、土地や海を守るシンボルとなり、ときには祭りなどの行事を担う**文化的なリーダー**として、地域の

人々の求心力となってきた。現在の人口減少・高齢化は、各地域での神事や祭事の継続を困難にしているが、その人口の多数を占める**高齢者の多くは、神社・寺院に日常的に親しみを抱いている**。港町を見ると、**港湾関係企業が**、地元の**神社の氏子総代となっているケースは多数ある**。このことからも、**港町と神社・寺院は、分かちがたく変化・発展してきた**と言えるだろう。

2．瀬戸内の港町

　瀬戸内海は、古来より海上交通の要所であり、各沿岸の地域が港を中心に「場」として栄えた。8世紀以降、物流の主流は海運になり、瀬戸内航路は物流の海の道として、日本の重要な海域になる。古代における瀬戸内海は、畿内（難波津）から九州北部（大宰府）を結ぶ重要な航路であった。また、大陸との文化交流では、朝鮮や中国への使節（遣唐使や遣新羅使）が畿内から出発している。そのため、大和朝廷は瀬戸内海一帯の港や船の整備に力を入れた。大陸との航路として、武庫の浦、明石の浦、藤江の浦、多摩の浦、長井の浦、風速の浦、長門の浦、麻里布の浦、大島の鳴門、熊毛の浦、佐婆津、分間の浦、筑紫館へと続く諸港が開港した。天平年間（729～748年）には、行基により、一日航程の間隔で、室生泊、韓泊、魚住泊、大輪田泊、川尻泊が開かれ、瀬戸内航路の基盤となった。平安末期には、平清盛が日栄貿易のために大輪田泊に経ヶ島を築くなどして、瀬戸内航路を整備した。続く室町幕府は、1401（応永8）年以降、17年かけて6回、1432（永享4）年から11回の遣明船を派遣し、日明貿易をおこなった。遣明船は、牛窓、因島、田島、鞆、尾道、柳井、深溝、上関、冨田、門司に配置された。ここまでの時代は、瀬戸内航路は大坂から関門海峡までの山陽側が航路であった。大坂湾の主な港は、難波津、川尻、兵庫、堺、尼崎、天保山、雑喉場などであった。大坂湾を出て、明石海峡を通過した船は、室津、牛窓、鞆などに立ち寄り、上関海峡を抜け、下関に到達した。そ

して航程の間、瀬戸内の町は、風待ち港、潮待ち港で町が栄えた。江戸時代に入り、1672（寛文 12）年、河村瑞賢が西廻り航路を開発した。そして江戸中期には大坂・蝦夷間を結ぶ北前船が登場した。江戸時代には、朝鮮からの朝鮮通信使の派遣によって瀬戸内の航路が、また新田開発によって内湾が栄えた。新田には米・麦・綿・菜種油などの商品作物が栽培され、商品経済が発展した。大坂が経済の中心となったことから、千石船や弁財船により瀬戸内航路が物流の中心となったのである。その後、明治期に入り、20 年代に山陽鉄道が整備され、瀬戸内航路の港は一時衰退する。しかし、港の都市周辺では繊維を中心とする軽工業が発達し、その後化学工業や造船業が発達し重化学工業化へとつながる。

　瀬戸内海の、旧港の港町（歴史的港湾施設と旧都心）には、港と旧都心（町）が一体となった歴史的な環境が多数残っている。倉敷（岡山県）、坂越（兵庫県）、鞆・竹原・豊町（広島県）、柳井（山口県）、笠島（香川県）などは著名であるが、中でも倉敷、竹原、豊町、柳井、笠島の町並みは文化庁の重要伝統的建造物群保存地に指定され、観光地として、また地元住民の集う場所でもある。

　この節では、瀬戸内海の港を有する代表的な都市をその特徴とともに、観光の視点からとらえ直す。

（1）神戸市

概況

　2017（平成 29）年神戸市の観光入込客数は、観光地点では日帰り客 1,858 万人、宿泊客 536 万人の合計 2,394 万人で、前年の観光地点のそれと比較すると 10.5％増加している。要因としては、メリケンパークのリニューアル、道の駅「フルーツ・フラワーパーク大沢」のオープンがあり、そのほかにも、神戸開港関連のイベント、KOBE Tea Festival、クロスメディアイベント「078」、「目指せ！世界一のクリスマスツリー」などの開催があった。観光消費額は、2017

（平成29）年の日帰り客1,506億円、宿泊客1,936億円と合計3,442億円で、2016（平成28）年の3,182億円から増額した。2017（平成29）年の日帰り客は前年比18.6％増であったのに対し、宿泊客は前年比10.5％増である。

2017（平成29）年のエリア別の観光入込客数を記す。

市　街　地：観光入込客数1,357万人（前年比105.2％）
　　　　　　行祭事イベント時1,147万人（前年比100.2％）
北野エリア：観光地点105万人（前年比105.0％）
　　　　　　行祭事時イベント39万人（前年比108.3％）
神　戸　港：観光地点424万人（前年比125.4％）
　　　　　　行祭事イベント時377万人（前年比221.8％）
六　甲　摩　耶：208万人（前年比102.0％）
　　　　　　行祭事イベント時2万人

神戸市以外では、

有　　　馬：176万人（前年比104.1％）
須磨舞子：458万人（前年比102.0％）
　　　　　　行祭事イベント時11万人
西　北　神：353万人（前年比135.8％）
　　　　　　行祭事イベント時2万人

（神戸市ホームページ www.city.kobe.lg.jp 参照）

神戸市のアンケート調査によると、一日の観光消費額は、日帰り客で約700円減っているが、宿泊客は約2,200円増えている。消費額合計平均は、有馬で2万円台と最も高く、宿泊費だけでは有馬、飲食費は北野、買い物費は西北神がそれぞれ最も高い。

　また、同調査において、神戸市での観光に関する希望を尋ねたところ、「多彩なイベントやまつりの開催」と「案内表示の充実・整備」という回答が揃って多く、前者は「神戸港」において、後者は「市街地」において、という結果であった。

　神戸市内での交通手段は、車利用が3割台と最も高く、地区別では、市街地、北野エリアおよび神戸港でJR利用が多い。神戸までの主な交通機関は、バイクを含む車利用が3割台に対し、電車利用率は4割である。これは、神戸市への観光は、日帰り客が多いことを示している。今後は各エリアでの宿泊客の増加が期待される。

　上述したように、港でのイベントや祭事が多いのは、「港町神戸」のイメージが定着しているからであろう。今後も、メリケンパークやハーバーランドでの継続性のあるイベントがさらに集客につながる可能性がある。

神戸市のグランドデザインと今後

　現在の神戸市役所企画調整局が掲げるまちづくり政策「『港都神戸』グランドデザイン～都心・ウォーターフロントの将来構想～」を紹介する。

　2004（平成16）年の神戸商工会議所による「神戸2050構想」、2008（平成20）年の「都心とウォーターフロントを考える会」による「波止場町1番地の将来像」、2010（平成22）年の同会による「『港都神戸』の創生」など、民間からのいろいろな提言もあるなか、神戸市自らが中心となって策定したのが、2010（平成22）年「『港都神戸』グランドデザイン」である。2010（平成22）年7月には、都心部のまちづくり団体や事業者、関係官庁などが「『港都神戸』グランドデザイン」検討委員会を立ち上げ、その意見を基に2011（平成23）年、当時の矢田立郎市長がグランドデザインの策定と公表を行った。そしてそれは、現在の久元喜造市長へと引き継がれている。

　次に示すのは、神戸市のホームページ上で閲覧できる、「『港都神戸』グランドデザイン～都心・ウォーターフロントの将来構想～」にある、「グランドデ

ザインで扱うテーマとその要点」である。

①活力、魅力を創出し、文化が薫る新しいまちづくり

②海・まち・山をいかした美しい景観づくり

③潤いと憩いのオープンスペース

④人にやさしく快適な回遊ネットワーク

⑤賑わいを生む仕掛けづくり

⑥グランドデザインの実現をめざした今後の取り組み

①〜④はハード整備、⑤はソフトをいかに使うかが、いずれも重要であろう。

上の「構想」を具体化して換言してみよう。①では、港を中心に発展してきた神戸のポテンシャルを引き出す。すなわち、港の資源や機能をいかすべく、様々な分野の英知を取り入れ、新たな創造産業・知識産業を作る。②都心とウォーターフロントで新たな眺望点、眺望路、ランドマーク、夜間景観の創出を図る。③市民も国内外の人も自由に立ち入ることのできるオープンスペースを、公演や歩道などの公共の空間だけでなく、ウォーターフロントや民間の土地空間も含めて創出する。④自動車の流入を抑制し、徒歩や自転車データによる快適な回遊性を確保する。新たな交通手段としては、環境保全の視点からも、電気バスやBRT、LRTの導入を検討する（超小型モビリティについては後述）。⑤様々なイベントの開催、海上観光交通の拡充、情報発信の充実。⑥市民、大学関係者、事業家、行政が協働する。

すでに、2017（平成 29）年 1 月の「神戸港開港 150 周年」に向けて、記念事業として、関係団体、行政、市民が一体となったプロジェクト「神戸開港 150 周年記念事業実行委員会」が始動することになっている。

「デザイン都市・神戸」

神戸市は 2008（平成 20）年 10 月 16 日に「ユネスコ創造都市ネットワーク

デザイン都市」として認定された。「デザイン都市・神戸」は、神戸市が産学連携して、神戸の開港以来の歴史・文化的資源である、異国情緒ある「まちなみ」、先進的な港町のアメニティからなる「くらしの文化」、そしてケミカルシューズ、洋菓子、真珠に代表される「ものづくりの技術」をデザインの視点から新たな魅力を創造する実践である。これによって世界にアピールする「港都神戸」を目指している。

神戸市における超小型モビリティの活用

　神戸の地図を見るとわかるように、神戸ベイエリアは海岸線沿いに横に長く、また、三宮から海岸線までは縦に約2kmの距離があり、海岸線と都心は国道2号線で分断されている。これは、観光や日常生活に、パーソナルな移動交通があれば便利な地形である。

　神戸市は、2012（平成24）年から、六甲山や摩耶山の活性化のため、「六甲摩耶活性化プロジェクト」に取り組んだ。そして2013年には、市と六甲産業および神戸商工会議者によって、「六甲・摩耶活性化プロジェクト・六甲山回遊体験エリア創出事業に関連する超小型モビリティ導入促進協議会」を設け、超小型モビリティの観光レンタル事業を始めた。また、2015（平成27）年8月22日から2016（平成28）年3月末日までの期間に乗り捨て可能なカーシェアリングを実験的にスタートさせた。運営は、神戸市が公募で選んだ民間企業が行う。後者は、観光名所の北野や神戸ベイエリアなど8カ所で車を借りることが可能で、3車種・合計20台が投入され、今後、本格的な実施を目指している。

　神戸市はこの事業を、環境に配慮した新しい短距離間の交通手段と位置付け、観光客や買い物客の回遊性の向上を目指している。また、デザイン性の高い車両を採用していることから「デザイン都市神戸」の都市イメージの向上につなげようという思惑もある。

　最後に、筆者が、観光の視点から考える神戸の今後の課題を挙げておこう。

　一つには、同じ港町である横浜と神戸の違いがある。横浜は常に海が見える

が、神戸は海が見えにくい。神戸の中心地は、六甲山系を背景に、幅3km程度の細長い低地部で、山麓から海岸まで市街地が続いている。このあいだにある三宮駅周辺から国道2号線にある波止場町まで、旧居留地や大丸神戸を擁する明石町筋をはさんで約2kmの距離がある。そしてこの国道2号線が親水空間を遮断してしまっている。課題は都心とウォーターフロントの一体化である。

　もう一つの問題は、神戸観光は、京都と奈良の歴史・文化をめぐる宿泊型観光、あるいは大阪USJのこちらも宿泊型観光の、どちらかの延長線つまり「ついでに行く場所」となりがちであるため、長期滞在型観光拠点としては形成不利な立場にあることである。これは先述のデータでも確認できた。この克服には新しい戦略が必要であろう。

（2）尾道市

概況

　この項では、地方自治体を「尾道市」、尾道市の旧市街地にあたる地区を「尾道」と記す。

　古くからの天然の良港を持つ尾道は、瀬戸内海の交通の要所として平安時代以来、対明貿易船や北前船、内海航行船の寄港地として繁栄した。港町は省都となり、豪商が誕生し、多くの神社仏閣が寄進・造営された。

　瀬戸内エリアの中央に位置する現在の尾道市は、広島県の東南部にあり森林面積が49.5％を占め、大半が山地であるため、傾斜地が多い。「坂の街」と呼ばれるのはこのためである。島しょ部は急峻で平地が少なく、平地は、尾道水道、御調川沿い、または島しょ部の海岸沿いにある。豊かな自然と、海、島の瀬戸内海独特の景観で知られている。

　第一次産業および第二次産業が減少しており、2015（平成27）年の農業数は1995（平成7）年に比べ61.9％減少している。漁業経営数も減少傾向にあり、2013（平成25）年は1993（平成5）年比で47.5％と大きく減少している。工

業は、事業者数は減少しているが、従業者数・製品出荷額は 2002（平成 14）年以降、10 年間で増加している。商業は、商店数・従業者数の減少が続いている。2014（平成 26）年は 2002（平成 14）年比で商店数 63.4%、従業者数 66.0% と大きく減少している。

尾道糸崎港

　三原、尾道、福山の三市にまたがり、尾道港区、糸崎港区、松永港区の三区域からなる。

　尾道港区は、7 世紀から港の機能を有していたと言われる。室町時代には外国貿易で栄え、江戸期に入ると内海の商港として発展した。現在の基礎は 18 世紀になって整った。20 世紀に入り港湾整備が次々となされ、2000 年には再開発がおこなわれ、一新された。

　糸崎港区のある現在の三原市は、古くからの宿場であったが、16 世紀の築城以来、城下町として栄えた。1864（元治元）年には船だまりが築造、1900（明治 33）年特別貿易港として糸崎港が開港、1936（明治 33）年の市町村合併とともに、糸崎港と三原港が一体となる。1953（昭和 28）年に尾道港と合併して重要港湾に指定され、1975（昭和 50）年以降三原内港には旅客専用港となる。三原港と三原駅は徒歩約 10 分で、近隣の島々との結節点としてカーフェリー旅客船の運航が行われている。2015（昭和 27）年に「みはら海の駅」として認定された。

　松永港区は、古くからの海上交通の要所であり、1600 年代に開かれた塩田で知られるようになった。1964（昭和 39）年に尾道糸崎港に編入された。

　総観光客数は年々増加している。中国しまなみ海道の全線開通や日本遺産認定の効果、サイクリストの増加にともなう瀬戸内しまなみ海道の自転車無料化などによる。サイクルツーリズムの人気がうかがい知れる。下に数字を記す。

　2012（平成 24）年：総観光客数は 629 万 9,000 人

サイクリスト 7 万 5,000 人

2013（平成 25）年：総観光客数は 633 万人

サイクリスト 9 万 1,000 人

2014（平成 26）年：総観光客数 641 万 2,000 人

サイクリスト 13 万 3,000 人

2015（平成 27）年：総観光客数 674 万 7,000 人

サイクリストは 15 万 7,000 人

（尾道市ホームページ www.city.onomichi.hiroshima.jp 参照）

　元来の尾道における観光資源は、山間部における独特の地形による景観、それに瀬戸内の絶景であったが、そこに、サイクリング観光が加わった。サイクリストの増加にともなう ONOMICHI U2（第Ⅲ章 5 節参照）の開設、そしてしまなみ海道を活用した地域間連携が順調であることで、観光エリアの広域化にも成功した。この上は、観光消費額の増加を目指したいところであるが、観光においては、居住地区からの移動距離が長いほど、滞在日数が増加し、観光消費額も伸びることがわかっている。滞在日数を増加させるためには、複数の地域が瀬戸内エリアとして広域連携して、観光地を拡大することがポイントの一つだろう。瀬戸内の絶景や整備の行き届いたサイクリングロードが、インスタグラムやツイッターなどで発信されることで、サイクルツーリズムに加えて、クルージングが今以上に注目を浴びれば、瀬戸内エリア全体で、新たなビジネスが可能となるだろう。

（3）広島県廿日市市と広島の港

廿日市市

　厳島（宮島）のある廿日市の人口は、2005（平成 17）年の 11 万 5,530 人をピークに減少していたが、2018（平成 30）年現在、11 万 7,494 人である。し

かし、観光の中心である厳島の人口は、2015（平成27）年は1,674人、うち老年人口が717人、生産年齢人口が831人、年少人口（0歳〜14歳）が124人。老齢人口の増加と生産年齢人口の減少が著しい。

2015（平成27）年は、第一次産業、第二次産業ともに就業者数が減少した。高齢化による担い手不足によるものと考えられる。

（廿日市市ホームページ「都市政策課資料」www.city.hatsukaichi.hiroshima.jp 参照）

厳島に渡るには、JR山陽本線宮島口駅か広島電鉄宮島線広電宮島口駅の、いずれも駅前の桟橋から運行するフェリーに乗る。ほかに、広島の元宇品から宮島への航路もある。島内では、宮島交通が運行するバスか、宮島タクシーが利用される。島の内部にはロープウェイもある。

厳島港は、広島県廿日市市厳島（宮島）および廿日市市宮島口1丁目にある。港湾管理者は広島県。2011（平成23）年に厳島の対岸、宮島口桟橋附近も厳島港の港湾区域に指定された。

広島の港

広島港は、中国・四国地方の海運・物流・貿易の重要拠点であり、港湾法上の国際拠点港湾に指定されている。今、広島港がある土地は、かつて太田川の下流域であり、小さな島が点在しており、現在の広島市西部にあたる西区草津や古江は入り江であった。ここは、神功皇后の参観征伐に軍港として使われたという伝説がある。平安末期、厳島神社荘園の倉敷地が太田川河口にできた時、現在の安佐南区祇園に初めて人の手で港がつくられた。河口港として太田川舟運と内海航路の結節点であった。その後、鎌倉時代以降、安芸武田氏の水軍によって港が整備された。当時、中国山地におけるたたら製鉄による大量の流出土砂により、三角州が形成されたことで、河口が沖合まで延伸した。

明治以降、太田川河口は、堆積土砂により、大型船舶が通行不可能となり、整要になった。そして広島県令（知事）によって、1884（明治27）年宇品築港

事業竣工。戦争の時代には、港は旧陸軍の軍用港になる。その間の 1932（昭和7）年に、埋立法によって「宇品港」と指定され、港は拡大期になった。翌 1933（昭和 8）年に宇品西区を商業港として修築し、ここで「広島港」になる。1940（昭和 15）年に工業港としての計画を 10 年間の工期で策定したが、戦争と原子力爆弾投下のために、1947（昭和 22）年に工事は打ち切り竣工となった。1951（昭和 26）年に重要港湾となり、1953（昭和 28）年に広島県が港湾管理者となる。出島地区、宇品外貨地区、海田地区、五日市地区、廿日市地区（木材港）、宇品内港地区、宇品中央地区、元宇品地区、吉島地区、観音地区、似島地区、坂町地区がある。宇品内港地区に、2003（平成 15）年に広島宇品港旅客ターミナルが完成し、これまでの広島港宇島旅客東ターミナルとの 2 棟を有することになった。

　広島県における観光客数は 2016（平成 28）年は 6,777 万人で、前年比 2.4%（159 万人）増となっている。1 位は広島市（1,465 万 3,000 人）、2 位廿日市市（821 万 2,000 人）、3 位福山市（729 万 3,000 人）、4 位尾道市（674 万 9,000人）、5 位呉市（459 万 7,000 人）である。1 位〜 4 位までは、前年より観光客数は増加している。10 市（上の 4 市以下の、5 位呉市、6 位三原市、7 位三次市、8 位東広島市、9 位庄原市、10 位北広島市）のうち県外客の比率が県全体の平均 43.7% を上回っているのは広島市（76.5%）、廿日市市（61.4%）、尾道市（61.5%）、呉市（56.1%）の 4 市である。また、外国人観光客を国籍別地域別でみると、1 位アメリカ、2 位台湾、3 位オーストラリア、4 位香港、5 位中国、6 位フランス、7 位イギリス、8 位ドイツ、9 位韓国、10 位ドイツ。厳島神社を有する廿日市市の、2016 年（平成 28 年）の総観光客数 821 万 2,000 人のうち、厳島が 559 万 8,000 人であるのは、瀬戸内有数の景勝地である厳島が、観光スポットの中心であるからだろう。廿日市市の外国人観光客総入込客数 32万 5,000 人のうち、28 万 8,000 人が厳島に訪れている。世界最大の旅行口コミサイト「トリップアドバイザー」では、満足度の高い日本観光地（対外国人）

で3位に広島平和記念資料館が、4位に厳島神社がランクインしている。厳島神社ともう一つの世界遺産である原爆ドームを訪れる人も多い。

　2017（平成29）年の広島県の入込観光客数は、前年比6.3％増の1,347万4,000人で、7年連続過去最高となった。外国人観光客数は、前年比29.2％増の151万9,000人で、3年連続100万人を超えて、6年連続過去最高となった。広島カープ球団のセ・リーグ2連覇によってカープ人気が高まり、球団史上最多の観客動員数は、国内観光客の増加に寄与した。また、広島駅周辺の再開発やekie（エキエ）オープンなどにより、JRを利用する観光客が増加した。

　広島は修学旅行のメッカでもあるのだが、全国的な少子化を受け、2017（平成29）年のその数は、31万9,000人で前年比1.2％減ではあるが、10年連続の30万人台は維持した。

　（広島県ホームページ「観光動態調査」https://www.pref.hiroshima.lg.jp 参照）

廿日市産業振興ビジョン（2016年度）によると廿日市市は広島市と連携し、2016年度より計八つの国と地域（アメリカ、フランス、オーストラリア、中国、香港、台湾、韓国、タイ）を重点市場とし、観光誘致のプロモーション活動を行っている。また、2017（平成29）年10月より広島空港にシンガポール線が就航し、東南アジアからの来訪者が増加している。上記2市以外の地方へのインバウンド効果もあり、広島県のインバウンド増加率は、国の19.3％を上回り、前年比29.2％増の151万9,000人となった。さらに、大型客船の広島港の入港数は、2014（平成26）年11回、2015（平成27）年25回、2016（平成28）年37回、2017（平成29）年59回と年々増加しており、外国人観光客増加の一因となっている。

　（広島県港湾振興課および廿日市市ホームページ www.city.hatsukaichi.hiroshima.jp 参照）

（4）松山市

概況

道後温泉、松岡子規、夏目漱石などがすぐに頭に浮かぶ松山市は、松山城を中心に発展してきた旧城下町である。中国・四国地方にあって、広島市、岡山市に次ぐ人口を持つ。愛媛県のほぼ中央にあり、東は四国山系を背に、西は瀬戸内海に面している。瀬戸内海式気候で温暖で雨が少ない。第三次産業が占める割合が圧倒的に高いが、農作物ではブランド化された柑橘類が何種類もあり、製造業では化学繊維が主流である。

市内にある松山港は、今も昔も瀬戸内海交通の重要な拠点であり、発展を続けている。松山観光港、高浜港、三津浜港、堀江港、松本外港、今出港からなる。

松山観光港は、高浜港の北に新設された。2000（平成12）年に建て替えられた現在のターミナルは、松山市と伊予鉄道、石崎汽船、瀬戸内汽船、関西汽船、ダイヤモンドフェリー、伊予銀行、愛媛銀行、愛媛県信用農業協同組合が出資し、第3セクターである松山観光港ターミナル株式会社を設立、同社が管理運営を行っている。呉港経由広島港行きと、小倉行きの航路がある。

高浜港は、1892（明治25）年伊予鉄道が、天然の良港であった高浜に鉄道を延伸したときに開港した。1906（明治39）年には兵員輸送のため、港湾施設が整備された。瀬戸内海でカーフェリーが普及するが、高浜港は構造的に中型以上のカーフェリーに対応できないため、隣接する港と役割分担しながら機能している。現在高松港は、忽那諸島や興居島への旅客船とカーフェリーのみとなっている。アクセスは、伊予鉄道高浜駅が至近距離にある。

三津浜港は、伊予鉄道高浜線三津駅から1km、JR四国予讃線三津浜駅より2kmのところにあり、駅から港までは若干距離が遠い。三津浜港は、柳井港へのカーフェリーと、中島方面へのカーフェリーが発着する。三津浜は、江戸期からの天然の良港であり、松山港のなかで最も古い。港は入り組んでおり、小型船舶が多数停泊し、小型の造船所がある。

　堀江港は、2009（平成21）年6月9日に廃港となったが、2013（平成25）年に休憩施設や係留施設が整備され、海の駅「うみてらす」がオープンした。

　松山外港は商業港である。外資コンテナ埠頭があり、国際定期コンテナ航路が寄港している。

　最後に今出港であるが、松山港の最も南にあり、木材団地が隣接しているために、木材船の入港が多い。

　松山市観光客推定表によれば、2016（平成28）年の松山市の観光客数は、582万7,400人（推）で、前年比0.4％増（約2万3,500人増）である。観光客数は4年連続で増加しており、宿泊客は、しまなみ海道開通の翌年2000（平成12）以降では、最も多い約255万9,600人である。なお、愛媛県全体の観光動態については、第2章第3節を参照されたい。

　2018（平成30）年5月26日毎日新聞速報では、松山市の観光客数は、前年より17万7,200人多い600万5,100人で、5年連続で増加しており、そのうちの外国人観光客は、前年比7,800人増の19万5,300人である。特に多いのが、台湾からの4万3,000人で、2009（平成21）年に開始した台北市との交流事業が奏功しているようだ。事業以前と比較すると約18.8倍の訪日人数である。

　利用する交通機関は、国内線、自家用車が堅調であるが、広島からの航路の利用が5年連続増加している。

しまなみ海道

　近年の、しまなみ海道における自家用車の利用者数の推移は以下のとおりである。

　2013（平成25）年：118万1,709人

　2014（平成26）年：121万2,909人

　2015（平成27）年：125万9,027人

　2016（平成28）年：127万5,122人

2017（平成 29）年：130 万 1,237 人

　着実に上方に推移している。なお、しまなみ海道については、第Ⅱ章第 3 節および第Ⅲ章第 1 節も参照されたい。

　　　（松山市ホームページ「松山市観光国際交流課平成 29 年松山市観光客推定
　　　表」 www.city.matsuyama.ehime.jp 参照）

（5）門司

　門司（現門司港地域）と門司港（北九州港）については、第 1 節でも述べたが、ここでは瀬戸内の港町としての観点で述べる。

　古代より交通の要所であった門司は、関所（門司関）が設けられ、平安末期の平家滅亡後、鎌倉幕府によって下総親房が門司関に下向し、門司氏を名乗るようになる。南北朝時代の日明貿易の拠点となったのち、江戸時代には下関の繁栄はなく、塩田の地であった。1889（明治 22）年の門司港開港以降、大陸貿易および本州との結節点として、そして八幡製鉄所などの産業都市の玄関口として、門司港は港機能、都心機能とも復活、発展した。しかし関門トンネル開通後、門司は通過点にすぎなくなり、町の中心機能は小倉や福岡市に移った。門司は、港湾荷役からコンテナ荷役への転換により、より一層衰退した。そしてバブル期に入り、末吉興一市長のときに「大正レトロ」をイメージした「門司港レトロ」の整備が始まるが、バブルの崩壊、また、リーマンショックなどの経済危機の中で停滞。ようやく 1995（平成 7）年にグランドオープンした。現在、市民、企業を中心に官民一体となり、食やイベントを充実させ、順調に観光客数を伸ばしている。

　門司港開発株式会社は、基本財源約 10 億円で設立され、北九州市が 23.8％出資した第 3 セクターであるが、2010（平成 22）年より 3 年間の ADR 事業が行われたのち、再スタートを切った。門司港ホテルは、2017（平成 29）年 2 月

東京のホテル運営および不動産会社に売却され、転換期を迎えている。なお、商業施設海峡プラザは、テナントの充実と努力もあり、現在堅調に運営されている。

　門司港レトロ地区は、「文化遺産と自然を生かした都市観光整備」を目指した末吉市長（当時）が、保全活用された建築と新しい施設が融合した「古くて新しい」その町並と下関海峡の絶景で実現したといってよい。また、フグをはじめとする海産物に加え、近年は港町の洋食文化から生まれたB級グルメの焼きカレーが知られるようになり、土産店で買うこともできる。観光に必要な要素である「見る」「食べる」「買う」（小長谷3要素）がある門司港レトロ地区は、「五感で感じる」（第Ⅳ章第1節参照）ことのできるエリアである。今後は空き店舗、空き家のリノベーションの活用と生活を支えるビジネスモデルの構築を、官民一体となって行う必要がある。

（6）旧港再生戦略

　ここまで述べてきた筆者の旧港再生戦略を次の図4-2のように図式化してみた。この図式をふまえながら、今後の瀬戸内海港町の観光の課題をまとめてみたい。

　①近隣県との連携をより一層強化させる必要がある。地域のDMOでは、第Ⅲ章第1節で紹介した一般社団法人しまなみジャパンのほか、同せとうち観光推進機構があり、今後の牽引力が期待される。
　②観光受け入れを担う人の高齢化と人口減少の問題は、移住者を呼び込む施策が必要となってくるだろう。
　③二次交通と回遊性も改善の余地がある。自転車によるツーリズムの隆盛を今後も継続・発展させたい。小型EVの活用は始まったばかりである。船舶もまた重要な観光コンテンツであり、島国である日本全体の回遊性

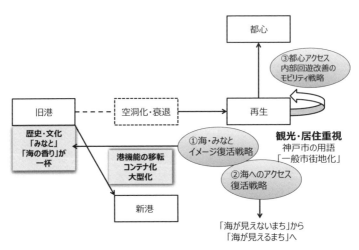

図 4-2　旧みなと再生戦略図
（筆者作成）

　　　向上につながる。

④ 2018（平成30）年7月の豪雨（西日本豪雨）で中国圏、瀬戸内エリア
　は甚大な被害を受けた。比較的被害の少なかった厳島や道後温泉であっ
　ても、多くのツアーや宿泊のキャンセルがなされた。観光地の自治体は、
　防災計画のなかに常に観光客を考慮しておかなければならない。東日本
　大震災復興支援の「ツール・ド・東北」（後述）は、逆境をチャンスに
　した先例である。西日本豪雨の復興のために、地域間連携して「ツー
　ル・ド・瀬戸内」を開催してはどうだろうか。

　広島県内の**観光上位都市が瀬戸内海沿岸域**であることは、当エリアが観光客
にとって**魅力ある（五感を刺激する）**コンテンツを持つことを証している。**地
域コミュニティの結びつきを観光やイベントで促進**することは、ひいては**防災
強化**にもつながるだろう。

　本章の最後に、図4-3を掲げておく。前掲図4-2が「戦略」であったのに対

し、ここではさらに一歩進んだ、港まちにおける「多世代に配慮したまちづくり」を、フローチャート式に表してみた。

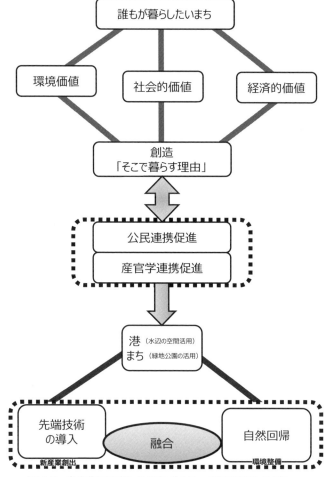

図4-3　多世代に配慮したまちづくり～港まち再生モデル～
（大阪市港区　令和2年度海とまちをつなぐ公民連携にぎわい創出事業　プロポーザル資料　松本2020実践モデルより筆者作成）

第 V 章

大阪から始まる
第2ゴールデンルート瀬戸内

1．大阪の観光動態

　近年、政府が観光を重要な成長戦略と位置づけて以来、大阪は観光（インバウンド）で賑わいを見せている。

　大阪府の2017（平成29）年の延べ宿泊者数は3,321万人で、2014（平成26）年の2,837万人から約1.2倍に増加している。そのうち、日本人延べ宿泊者数は2017（平成29）年は2,099万人で、2014（平成26）年の2,117万人からほぼ横ばいで推移している。一方で、外国人延べ宿泊者数は2017（平成29）年は1,170万人で2014（平成26）年の620万人から約2倍。宿泊施設は2015（平成27）年3月末には約2倍、簡易宿泊所は約3倍と、いずれも増加し、特区民泊（2016年）は、600を超える施設が認定されている。特区民泊は、大阪府で2016（平成28）年4月に、大阪市では同年10月にそれぞれ制度化され、特に規制緩和がなされた2018（平成30）年以降、急激な伸びを示している。2017（平成29）年の客数稼働率は全国平均60.8%、東京都80.1%の中、大阪府は83.1%と高水準を示している。来阪外国人旅行者の約18%が民泊を利用しており、2018（平成30）年には大手民泊仲介サイトには大阪府内の約1万3,000件

の民泊施設が掲載された。

（国土交通省観光庁ホームページ（2019 年度）「観光動態調査」www.mlit. go.jp/kankocho 参照）

2017（平成 29）年の来阪外国人旅行者消費額は 1 兆 1,852 億円で 1 人当たりの平均消費額（航空運賃を除く）は買い物 5 万 3,286 円、宿泊費 2 万 2,847 円、飲食費 1 万 5,924 円、娯楽サービス 7,835 円、交通費 6,522 円である。

（大阪府ホームページ www.pref.osaka.lg.jp 参照）

現在このように堅調であるが、今後、人口の少子高齢化が懸念される中、大阪の湾岸エリアの人口も減少傾向にあり、観光をいかに地域経済の持続的な成長に活かすかが課題である。そこで、地方創生、クルーズ振興、湾岸エリアの地域活性化、瀬戸内クルーズの取り組みなどをテーマに、大阪の観光を考えてみる。

大阪ベイエリアにおける観光の中心は、大阪市此花区にある USJ（ユニバーサル・スタジオ・ジャパン）と、港区の海遊館エリアである。観光客数は、USJ が年間約 1,400 万〜1,500 万人、海遊館が約 270 万人。しかし、大阪のベイエリアに当たる此花区、港区、大正区は人口減少が続いており、特に水際に接する居住区域の人口の減少・高齢化は著しい。一方で、北区、福島区、西区、中央区、天王寺区、浪速区では、都心回帰により人口が増加し、住居、学校、商業施設すべてが密集している。大大阪と呼ばれた時代に隆盛であった湾岸エリアもまた人口の減少・高齢化に直面しており、衰退著しいエリアである。

大阪における観光の重要なコンテンツは、上述したように USJ（年間 1,400 万人）と、その対岸の**海遊館**（年間 270 万人）であり、加えて、そこからの直線的な公共交通、大阪市営地下鉄で約 20 分の距離にある**大阪城**（年間 270 万人）である。そしてこれが外国人インバウンドの訪問拠点になっている。**観光コンテンツが一極集中**している大阪では、新しい**観光資源の発掘**が急務である。

２．クルーズ振興

（1）クルーズ船観光

　2017（平成29）年の訪日クルーズ旅客数は253万人、日本の港湾への寄港回数は2,765回で、ともに過去最高を記録した。しかし、2018（平成30）年の訪日クルーズ旅客数は前年比3.3％減となった。最大シェアを持つ中国からの訪日クルーズ旅客数は202万人、対前年比7.0％減である。一方で、日本発着のクルーズで入国した訪日クルーズ旅客数は7万3,000人と前年比43.1％の増加で、台湾発の訪日クルーズ旅客数も31万人と前年比12.7％の増加。その他世界一周クルーズなどで入国したクルーズ旅客数も4万3,000人と前年比43.3％の増加である。

　2018（平成30）年の日本へのクルーズ船の寄港数は、前年より増えて2,928回（外国船社1,913回、日本船社1,015回）で、過去最高を更新した。

　港湾別では、第1位が博多港の279回（前年326回）、第2位は243回の那覇港（前年224回）、第3位は220回の長崎港（前年267回）である。次ページの表は、2011年から2018年までの、外国船社および日本船社が運航するクルーズ船が日本の主な港に寄港した回数を表したものである。

　外国船社が運航するクルーズ船の日本寄港回数の1,913回は、前年比の5.0％減で、そのうちの中国発のクルーズは961回で前年比17.8％減である。

　世界レベルで見ると、クルーズ人口は急速に拡大しており、2015（平成27）年に世界のクルーズ人口は2,320万人、うちアジアの人口は208万人である。

　　（国土交通省港湾局ホームページ（2018年度）「訪日クルーズ旅客数とクルーズ船の寄港回数（速報値）」http://www.mlit.go.jp/kowan/ 参照）

　クルーズ船で寄港した観光客は、寄港地で食事、交通、ショッピングなどの消費活動を行う。つまり地元企業にタグボート代金や給油・給水の代金、パイ

2011 年から 2018 年の外国船社および日本船社が運航するクルーズ船の寄港回数

順位	2011年 港湾名	回数	2012年 港湾名	回数	2013年 港湾名	回数	2014年 港湾名	回数	2015年 港湾名	回数	2016年 港湾名	回数	2017年 港湾名	回数	2018年 港湾名	回数
1	横浜	119	横浜	142	横浜	152	横浜	146	博多	259	博多	328	博多	326	博多	279
2	神戸	107	博多	112	神戸	101	博多	115	長崎	131	長崎	197	長崎	267	那覇	243
3	博多	55	神戸	110	石垣	65	神戸	100	横浜	125	那覇	193	那覇	224	長崎	220
4	那覇	53	長崎	73	那覇	56	那覇	80	那覇	115	横浜	127	横浜	178	横浜	168
5	石垣	49	那覇	67	東京	42	長崎	75	神戸	97	神戸	104	石垣	132	平良	143
6	名古屋	28	石垣	52	長崎	39	石垣	73	石垣	84	石垣	95	平良	130	神戸	135
7	宮之浦	23	名古屋	43	博多	38	小樽	41	鹿児島	53	平良	86	神戸	116	ベラビスタマリーナ（広島県）	122
8	長崎	21	別府	34	名古屋	35	函館	36	佐世保	36	鹿児島	83	鹿児島	108	佐世保	108
9	広島	19	鹿児島	34	二見（東京）	29	鹿児島	33	名古屋	34	佐世保	64	佐世保	84	石垣	107
10	鹿児島	18	大阪	33	広島	26	名古屋	30	広島	32	広島	47	矢代	66	鹿児島	100
	その他	316	その他	405	その他	418	その他	475	その他	488	その他	693	その他	1,133	その他	1,303
	合計	808	合計	1,105	合計	1,001	合計	1,204	合計	1,454	合計	2,017	合計	2,764	合計	2,928

（国土交通省資料に基づき筆者作成）

ロット料金などの収入をもたらすので、クルーズ振興は地域経済の活性化に寄与する。今後、これを恒常的に継続するにはやはり地域間連携が必要であろう。

　たとえば、必ずしも大型クルーズばかりでなく、国内におけるカジュアルクラスまたは小型クルーズ船の振興を図ることも重要だ。中・小型のクルーズ船で国内を２、３泊できる商品が開発されれば、訪日外国人だけでなく、日本人も新しい日本を発見することができるのではないだろうか。これは、地元主体の地域経済活性化にもつながる。

　中瀬（2016）は、地中海、カリブ海、インド洋やハワイ諸島では、すでに小さな船によるクルーズが盛んであると報告している。諸外国でクルーズ観光が重要な産業となっていることがわかる。日本でもたとえば、内海の瀬戸内海を小型クルーズで１、２泊するタイプの観光モデルを開発することが、今後のクルーズ振興につながるのではないだろうか。

（2）大阪から始まる「第２ゴールデンルート瀬戸内」とクルーズ観光

　日本船社の運航するクルーズ船の寄港数は、国土交通省によれば、前年比35.2％増である。これは2016（平成28）年10月に運航を開始した客船GUNTU（ガンツウ、第Ⅲ章第５節参照）が通年配船になったことが大きく寄与している。ガンツウを除いた場合の寄港回数は662回から592回へと減少している。

　クルーズ500万人を目指す日本は今後、官民連携による国際クルーズ拠点の形成、受入環境の整備、そして地域資源を活用したニューツーリズム（サイクルツーリズムなど）の魅力ある着地型観光コンテンツの育成で、訪日クルーズの旅客数の増加が望めるだろう。

　筆者が提唱する「第２ゴールデンルート瀬戸内」を確立するためには、地域間連携による観光プログラムを地域密着型で行うことが重要である。観光において、**顧客満足度と差別化**は、相互に高め合う重要要素である。特にインバウンドにおいては、他国の観光コンテンツとの差別化を図ることが急務である。

観光におけるコンテンツ産業（ビジネス）は装置産業であり、常に新しいコンテンツの育成と情報発信を継続することが消費者（来訪者）から求められる。たとえば大阪の USJ ではハリーポッターエリアに約 450 億円投資し、その後も多額の投資を続けている。東京ディズニーランドも他国のディズニーランドとの差別化を図るために 3,000 億円超を投じて 2023（令和 5）年を目途に、3 割の拡張計画を発表している。とはいえ、施設への投資のみではいずれ限界がくるだろう。

そこで日本の気候風土に着目したい。四季があり、縦に長い日本列島では、様々な景観が外国人インバウンドに感動を与え、景観そのものがコンテンツとなっていると言ってもよい。

瀬戸内エリアは、人口の減少や高齢化、そして産業構造の転換による既存産業の衰退や、ものづくり産業の減少に直面している。しかしながら近年、しまなみサイクリング（第Ⅲ章第 1 節参照）、常石造船の GANTSU、瀬戸内国際芸術祭（いずれも同章第 5 節参照）など、多様なレジャーや芸術文化が形成され、注目されるエリアである。日本最大の内海である瀬戸内海。その瀬戸内エリアは、気候に恵まれ、歴史があり周辺交通の利便性も良い。瀬戸内海は日本最初の国立公園である。また、穏やか波間に点在する多数の小島は、美しい橋で結ばれ、この景観は唯一無二である。この瀬戸内の特徴を堪能するには、大型船よりも、小型船によるクルーズが適しているのではないだろうか。今、瀬戸内における、鉄道と小型クルーズを合わせた旅行商品（「RAIL & クルーズ」）が注目されている。

また一方で、西日本のメインゲートである大阪は、大阪観光局によれば 2017 年度の来阪外国人観光客数は 1,111 万人であり、関西国際空港は 2016（平成 28）年に施設利用客数の総計が 2,500 万人を超えた。LCC（格安航空）を中心にアジア便が増加し、中国、韓国、台湾からの利用客数が増加している。また、大阪港におけるクルーズ船入港隻数は、2017（平成 29）年は 50 隻であったが、2018（平成 30）年には 45 隻になった。

〈東京－箱根－富士山－京都－大阪〉の第1ゴールデンルートに続く「第2ゴールデンルート瀬戸内」は、〈大阪－瀬戸内海－九州（門司、博多）〉を想定している。このルート全体を、空港（航空）・港（船）・駅（鉄道）で連結させた「RAIL & クルーズ」や、「FLY & クルーズ」などの商品開発が必要であろう。

（3）課題

　本節では、今後の日本の観光事業開発の一環として、クルーズの振興の有効性を述べてきた。しかし今般のコロナ禍で、この日本において、クルーズ船での未曾有の事態が発生してしまった。そこではいくつもの問題が露呈した。

　過去にも、クルーズ船でノロウィルス感染が起きていたことから、そもそも船舶は感染症には脆弱であることが指摘されていた。そして感染が起きると、船舶環境では十分な検疫を実施することは非常に難しい。また今回、「旗国主義」なる言葉を耳にすることになった。その船籍を持つ国が公海上では管轄権がある、というのが「旗国主義」であるが、今回のように、「イギリス籍の船で、船主はアメリカ、問題が生じたときに寄港していたのが日本」のような場合、その指揮はだれが取るのかが整理されていないことが悪い形で判明した。

　観光でクルーズの振興を図るためには、今回の災厄をしっかり検証し、乗客の安全を最優先した改善策を徹底的に講じる必要がある。

第 VI 章

体験型観光・サイクルツーリズム

1．ツーリズムの多様化とサイクルツーリズム

　観光が重要な産業となっているのは日本だけではない。グローバル経済の中、観光立国で自国を成長させるべく、フランス、スペイン、イギリスなどヨーロッパ諸国においても様々なツーリズムが出現している。

　小長谷・竹田（2011）は、「内閣府の中心市街地活性化担当室が2006年に全国の市町村全国の市区町村が提出した基本計画を基に「中心市街地活性化の切り札」を集計した結果によれば、実に約8割の自治体が中心市街地活性化の切り札として「観光関連」の目標を掲げている（渡邉）ことから、観光は、現在、多くの地域で、地域活性化の切り札として期待されている」と分析する。さらに、そのうちの「観光」が3分の1で、「観光」に近い「集客交流」などの概念が半数ある、と述べる。このことは、観光が「まちづくり」や「地域づくり」に近いことを示している。

　現在、ICT わけても SNS の発展で、消費者は直接、生産者・観光地・メーカーなどにアクセスして自分の好みを伝達し、ライフスタイルをみずから組み立ててアレンジする時代になっている。観光においても、旧来型の団体旅行が

主流のマスツーリズムから、旅行エージェントを必要とせず、「発地（出発地）」と「着地」をインターネットで入力・アクセスし、個人の消費者行動（知的関心や趣味）に基づいてプラニングする時代である。以下、小長谷・竹田（2011）の論文の要所を引きながら、ニューツーリズムについて解説する。

　小長谷は、「ニューツーリズム」という言葉は、観光学者プーンによる用語であるとしながら、「ニューツーリズムを広義にとらえたものとして、北川らが「21世紀型の新しい観光旅行時代を提起する言葉」とあり、この広義の意味に従えば、マスツーリズムのつぎにくるものをすべて含む」と述べ、プーンから、「①旅行者は新しい旅行形態を求めている。だから、②観光はサスティナビリティを維持するために変わらなければならないという2つの仮説を立て、それをニューツーリズムと名付けた」を引いている。そして、ニューツーリズムの代表として、グリーンツーリズム（農村漁村体験）、エコツーリズム（自然環境学習旅行）、フィルムツーリズム（映画などのロケ地巡り）、産業観光（工場歴史的産業遺産）のほか、都市観光、寺院観光、スポーツ観光、イベント観光などを紹介している。また、ニューツーリズムは広義にとれば、すべての次世代型観光を含む、と述べる。さらに、次世代型の観光である着地型観光では、「観光要素論」や「観光リーダー論」が重要であり、「観光要素モデルとしては、その素材として「①見る」「②食べる」「③買う」の3大要素が重要であり、これに「④回遊性（時間＋空間）」の整備が付加するものととらえることができる」と分析する。そして観光リーダーモデルでは、「1）「地元、行政のみならず外部の専門家・市民までつなぐネットワーク力」をもって組織を固め、2）「観光要素論の観点から、地元の資源を発見しそだてる構想力」を発揮して上記の3要素「見」「食」「買」の欠けているところを開発し、3）「その観光資源をターゲットの観光客に向けてアレンジするマーケティング力」をもって顧客向けに製品化し、4）「事業採算性を考える経営力」、5）「観光地点をつなぎ回遊空間をつくり出す交通整備力」でイベント、回遊空間を整備していくことが重要といえる」と結論する。

　この小長谷の考察を踏まえて、瀬戸内海沿岸地域におけるサイクルツーリズムを検証する。

（1）サイクルツーリズム

　ニューツーリズムにおいて、**体験型観光は重要なツーリズムプロダクトである**。かつてマスツーリズムの時代、消費者（観光客）は、移動だけではなく、現地での見物や周遊もマス（団体）で行っていた。しかし今、**観光プラニングがパーソナル**な時代となり、個人の好みによって**交通手段や観光方法が多様化**している。そんななか、**サイクルツーリズム**は、地域の景観や食、文化すべてを**個人で楽しむことが可能だ。**なによりも、**ライディングは自分の体全体でその地域を感得できる。**ゆっくりと移動すれば、**地域の風土や文化、色や匂いさ**え感じることができるだろう。

　第Ⅳ章で筆者は、港町を再生する戦略として、観光客の五感（視覚・聴覚・触覚・味覚・嗅覚）に訴えることが必要である、と述べたが、**サイクルツーリズムに代表される体験型観光もまさに、人間の五感を刺激する観光のスタイル**だと言える。

　2016（平成28）年12月9日に自転車活用推進法が成立し、国土交通省は自転車活用推進本部を設けた。このことは後述する。

　自転車は、人力・一人で運転するものであり、ゆっくりと移動することが可能なので、走行ルートを個人でプラニングできる。したがって地域密着型の観光が可能である。ロードバイクなどの普及によって、海岸線、山間部、路地など、従来、走行困難なルートのプラニングもできるようになった。自転車のなかには、コンパクトに折りたたむことができるものもあり、持ち運びもできる。地元主体の着地型観光から考えると、滞在地での回遊性も兼ね備えたサイクルツーリズムは、観光による地域活性化の重要なコンテンツである。

　八坂・大方・吉田・藤田・鈴木（2017）は、近年自転車を活用した「観光ま

ちづくり」を行う自治体は多く、体験型観光の旅行者の誘致を目指していると論じる。そして、自転車で旅行するメリットとして、①旅行者の希望するルート等を個人が自由選択できる自由度、②健康、③五感に基づくスローな観光と地域とのふれあい、④回遊性の向上、⑤環境にやさしい、⑥隠れた地域資源の発掘、などを挙げている。これらを考慮すると、日本国内において今後、サイクルツーリズムが今以上に普及することは十分に考えられる。

　また、鷹取・佐々木（2018）は、日本におけるサイクルツーリズムは、イベント型、タウンサイクル型、長距離移動型、観光ツアー型に類別でき、インバウンドにおけるサイクルツーリズムのサービスとしては、タウンサイクル型と観光ツアー型の重要性が高いと分析する。

　自転車環境の整備は観光客に対する重要なアピールポイントとなるだけでなく、同時に地域間・都市間交流の重要な交通インフラの整備につながるだろう。海外における事例では、清水・坂井（2016）で、ベルギーを挙げ、整備された道路基盤をサイクルレーンとして活用してサイクルポイントネットワークを整備し、地域資源と連携することで観光化している例を紹介している。サイクルツーリズムの先進事例として日本の観光広域連携が参考すべきモデルだろう。

（2）サイクルツーリズムの事例

　サイクルツーリズムには健康促進、達成感、楽しさなどの魅力が多数あるが、安全、天候、盗難などの留意点がある。観光地やサイクルイベントの開催者は、サイクリストをサポートする取り組みを実施する必要がある。

国内事例

　ツール・ド・ニッポンは、一般社団法人ウィズスポが主催する、全国規模で展開するサイクルツーリズム・プロジェクトである。2012（平成24）に、四つの地域でサイクリングイベントを開催したことに始まり、以来、快調に規模も

数も拡大している。2017（平成29）年には、サイクルツーリズムに取り組む自
治体と共同で「全国サイクルツーリズム連携推進協議会」を設立。以降、イベ
ント開催事業だけではなく、サイクリングに関連する調査研究やコンサルティ
ングにも取り組んでいる。

　ツール・ド・東北。2013（平成25）年より、株式会社河北新報社とヤフー株
式会社が主催し、東日本大震災の復興支援と震災の記憶を残していくことを目
的とした自転車イベントである。レースではなくサイクリングを楽しむファン
ライドイベントで、東北の風景や食の堪能し、復興の様子を参加者に肌で感じ
てもらうことが主眼だ。宮城県や東北地方における自転車を活用した観光を促
進し、地方創生と交流人口の拡大に貢献することを目指している。この趣旨に
賛同した著名人、地元、全国からのクルー、メカニックトラブルをサポートす
る企業、その他団体そしてボランティアスタッフが支えている。復興支援の趣
旨どおり、大会運営費用は、「ライダーのみなさんからの参加料と、大会の趣旨
に賛同いただく企業・団体からの協賛金・寄付金で成り立っています。収益が
出た場合は、大会継続のための繰越金とし、安全な大会運営、規模・内容の拡
充を行うことや「ツール・ド・東北基金」へ寄付し、東日本大震災の被災地域
の復興に関する活動への助成に使われ」る。

　　（TOUR de TOHOKU 2019 ホームページ https://tourdetohoku.yahoo.co.
　　jp/2019/info/about/ 参照）

　それ以外でもたとえば、北海道は、すでにいくつものサイクリングロードを
有し、イベントも盛んである。都市間の距離が長く信号が少ないためにロング
ライドしやすく、一定速度が保てる。また景観、観光スポット、そして美食が
楽しめ、いうまでもなく夏は過ごしやすい。ここには「地の利」がある。

　しまなみ海道については第Ⅲ章第1節で詳述したが、当地の「愛媛マルゴト
自転車道」は、28 ものサイクリングコースを設定して、県を上げてサイクル
ツーリズム環境の整備に取り組んでいる。

　「ビワイチ」は、「琵琶湖一周」の略称。一泊二日かけ、自転車で一周約200km

を走破する。その起源は意外に古く、1987年、もとからあった自転車道が「滋賀県道601号森山大津志賀自転車道」と指定されたことに始まる。自転車人気の高まりとともに、走行者は年々増え、2018年には10万人を超えた。「しまなみ海道サイクリングロード」、」「つくば霞ケ浦りんりんロード」とともに、「ビワイチ」として、「日本を代表し、世界に誇りうるサイクリングルート」であるナショナルサイクルルート（後述）に認定されている。

海外事例

台湾はもともとサイクリングが盛んな土地である。世界最大の自転車メーカー「ジャイアント」をはじめ、多くの自転車関連企業がある。一般社団法人しまなみジャパンが、2014（平成26）年に、台湾サイクリスト協会（Taiwan Cyclist Federation）との間で姉妹協定の締結がなされたことはすでに第Ⅲ章第1節で述べたとおりである。

ドイツでは、「ロマンティック街道」「ブルーメン街道」といったサイクリングコースがあり、走行環境が整っている。サイクルツーリズムは、同国の観光の主要なコンテンツとなっている。

そのほかのいくつかのヨーロッパ諸国、なかでもオランダ、フランス、スイスでは、安全で快適なサイクリングルートの整備を国が積極的に支援することで、観光を促進している。

大阪のシェアサイクルの導入（社会実験）

以下、大阪市が2019（平成31）年3月1日に発表し、同市のホームページ上に掲載した報道発表資料のほぼ全部を引用する。

大阪市港区役所は、公民連携の手法により、シェアサイクルによる回遊性向上事業実証実験「Bayside Cycle（略称：ベイクル）」を2019（平成31）年3月11日から2年間実施します。

　　［略］

　この実証実験は、港区役所も参画している「築港・天保山にぎわいまちづくり実行委員会」が公募により選定した事業者「OpenStreet 株式会社」（主要株主はソフトバンク株式会社、Z コーポレーション（Yahoo! Japan グループ投資会社）、JXTG イノベーションパートナーズ合同会社（JXTG グループの投資会社）、双日株式会社と協働して実施するものです。港区への来訪者が区内を回遊する拠点となる鉄道駅ターミナル、旅客船乗り場、公園等（概ね、Osaka Metro 大阪港、朝潮橋、弁天町各駅を中心とするエリア）の公共スペースにシェアサイクルステーションを設置し、民間店舗などの敷地にも設置されたシェアサイクルステーションとネットワークを形成することで回遊性の向上を図るものです。

　港区役所は、「築港・天保山まちづくり計画」（2018（平成 30）年 3 月策定）において、港区湾岸エリアの回遊性を向上させ、点在する魅力スポットを円滑に移動できるようにすることで、来訪者が時間をかけて滞在を楽しめるような仕組みづくりに取り組むこととしています。

　この背景としては、平成 27 年より産官学連携（地域・企業・大学・学生・行政）の活動として、まちの活性化施策に知見を有する大阪市立大学小長谷・松本研究室地域実践演習 CR 副専攻の授業と連携し、港区湾岸エリアの地域課題の解決に取り組んでいます。とりわけ、観光まちづくりの観点から回遊性向上に着目し、平成 28 年には、同研究室の地域実践演習にて小型モビリティによる実証実験を行っており、これらの経過も踏まえて今回のシェアサイクルの実証実験を実施することとなりました。

　本実証実験で得られた利用者の移動データは、築港・天保山にぎわいまちづくり実行委員会（事務局：一般社団法人港まちづくり協議会大阪）と OpenStreet 株式会社が相互に活用できることとし、大阪市立大学小長谷・松本研究室では、得られた成果をもとに、回遊性の向上を通じ地域の活性化をめざします。

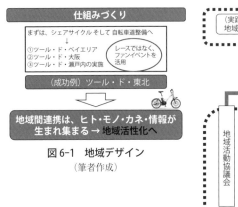

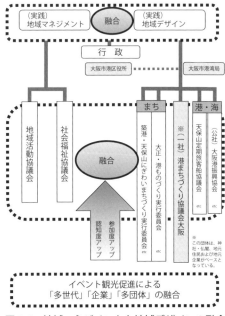

図 6-1　地域デザイン

（筆者作成）

図 6-2　地域マネジメントと地域デザインの融合
〜大阪市港区の事例〜

（大阪市港区　令和２年度海とまちをつなぐ公民連携に
ぎわい創出事業　プロポーザル資料 松本 2020 実践モ
デルより筆者作成）

　これは、筆者が籍を置く研究室も加わっての連携プロジェクトである。

　この連携プロジェクトを「地域デザイン」のなかに組み込んで表したものが
図 6-1 であり、さらに、地域デザインを地域マネジメントに融合させフロー
チャート式に表したものが図 6-2 である。

データ経済の視点から考える顧客経験価値の向上と観光二次交通

　日本における消費行動は大きく変化している。世界経済の潮流も「モノ」消
費から「コト」消費へと消費行動は変化しており、その中で観光が産業として
クローズアップされている。

　世界全体を商品経済の側面からみると、Death by Amazon という言葉どおり、小売業が衰退の危機を迎え、リアル店舗で「モノ」が売れない時代になった。数年前から大阪の都心でも、世界的なスポーツメーカーのリアル店舗がメインストリートから路地裏に移転し、店舗面積を縮小した。同時に、このメーカーは販売の主戦場をインターネットに移し、ネットでの顧客データをマーケティングすることで、生産および経営を効率化した。これらの事例は、ものづくりが「プロダクトアウト」から「マーケットイン」へと発想が転換されたことを表している。**消費者、顧客満足**といった着地点からの視点であり、**データ経済の優位性**を示している。

　今後、日本の大手アパレルメーカーもこの手法をより一層追随するようである。**リアル店舗は顧客経験価値**が求められ、**「コト」消費**との連動が重視される。一方で、貨幣経済の側面からみると、スマートフォンの普及により、キャッシュレス化が進んでいる。2018 年末、キャッシュレス化で目をみはる事例があった。大手 IT 企業がクーポンなどを活用した販促で小売業やサービス業と連携し、キャッシュレス化の後発でありながら、一気に顧客を囲い込むこととなったのである。今後はグローバル経済の中で、**データ経済**が進むことが考えられる。商業、金融、農業、漁業、製造業などのすべての産業が **AI 導入**により、**データ網が高付加価値化**され、新しい社会インフラを構築し、**スマート化およびスピード化**する。これに対し、**人間はデータを生み出す媒体**となり、**サービスやコミュニケーション**などの部門での活躍が重視される。2018 年に大手自動車メーカーと IT 企業のような異業種および異分野が組むことで、新しい社会インフラが構築され、新しいビジネスモデル（知識集約型産業）となった。ICT の活用により、データが「ヒト」「モノ」「カネ」を運び、この流れは世界中でさらに活発化するのではないだろうか。そして「人」そのものの流れである観光、MICE、ビジネスで交流人口が増大し、都市間交流もまた活発化する。そこからさらに、ICT の進化が新興国にチャンスをもたらす。技術のない国が、いち早く先端技術を導入することが可能となり、先進国を追い抜く「リープフ

ロッグ（蛙とび）現象」が起きている。日本においては、空港、港湾、駅などの公共交通施設で、データとサービスの一体化が進むだろう。

　世界の都市との交流人口増大が今後の経済成長の鍵となるのではないだろうか。これからの都市や産業構造においては、3C（**クリエイティブ、コンパクト、コンバージョン**）、3S（**スマート、スピード、サービス**）がキーワードとなると考えている。

　前項で述べたとおり、筆者の活動する大阪港で、インバウンド（クルーズ客船含む）など観光に対する二次交通およびサービス化の観点から、行政と地元が一体となり、社会実験としてキャッシュレスの電動シェアサイクルを 2018 年 3 月から導入することになった。キャッシュレス、無人化、電動といったサービスを導入することは、持続可能なビジネスモデルの構築にも役立つと考えられる。キャッシュレスの電動シェアサイクルは、通常のレンタサイクルなどより固定費が低下し、すでにコンビニエンスストアや他エリアでも導入されている。二次交通のフランチャイズ化を行うことで、地域間連携が容易となり、交流人口増大が可能となる。

　大阪には**ベイエリア特有、リバーサイド特有**の景観も多く、「**まち**」が橋や渡船でつながっている。今後は、**人口高齢化**の影響もあり、**自転車道**の整備も予定されており、**健康、長寿、スポーツ**が地域のテーマになるのではないだろうか。

　地域住民の日常生活が観光の重要なコンテンツとして注目される中、**シェアサイクルの導入**は新しい来訪者ニーズに対応するものである。通常のレンタサイクルなどより**人件費の縮小**が可能となる。小さな実証実験であるが、**データを活用**し、これからの**地域活性化や着地型観光**に有効である。

自転車活用推進法とサイクルツーリズム

　自転車活用推進法は、2016（平成 28）年に成立し、2017（平成 29）年 5 月 1 日より施行された。第一章から第五章を通して、第一条から第十五条で構成される。以下は、筆者が主要な箇所を抽出してまとめたものである。

　第一章第二条の「基本理念」では、自転車は、二酸化炭素などの環境に影響を及ぼす物質を排出せず、また騒音や振動もなく、災害時において機動的であり、また、自転車の活用で、自動車依存を低減し、国民の健康増進と交通混雑の緩和が経済的・社会的効果を及ぼすこと、などを掲げている。

　第一章第三条の「国の責務」では、第二条の「基本理念」にのっとり、施策と実施の責務を負い、国民の理解と協力を得る、と記す。そして第四条の「地方公共団体の責務」で、地方も邦と同様の責務を負うことが記される。

　そして、以下に第二章第八条の、15ある「自転車の活用の推進に関する基本方針」を記す。

　　　　①自転車専用道路等の整備
　　　　②路外駐車場の整備等
　　　　③シェアサイクル施設の整備
　　　　④自転車競技施設の整備
　　　　⑤高い安全性を備えた自転車の供給体制整備
　　　　⑥自転車安全に寄与する人材の育成等
　　　　⑦情報通信技術等の活用による管理の適正化
　　　　⑧交通安全に係る教育および啓発
　　　　⑨国民の健康の保持増進
　　　　⑩青少年の体力向上
　　　　⑪公共交通機関との連携の促進
　　　　⑫災害時の有効活用体制の整備
　　　　⑬自転車を活用した国際交流の促進
　　　　⑭観光来訪の促進および地域活性化の支援
　　　　⑮その他特に必要な施策

　第三章第九条で、政府は、「基本方針」に即して計画し、国土交通大臣は、そ

の推進計画案に閣議決定を求め、国会に報告する、とし、第十条において、都道府県・市区町村は、第九条の計画案をもとに、区域の実情に応じ、地域での計画を定めるよう努めることが述べられている。

第四章第十二条は、国土交通省に自転車活用推進本部の設置、そして第五章第十四条には、自転車の日を５月５日とし、５月を自転車月間とすることが記されている。

自転車活用推進法は、ようやく国が本気で自転車の問題や活用に取り組むことを示す画期的な法律である。

また、本節の「国内事例」の項で言及した「ナショナルサイクルルート」とは、国土交通省によって、「日本を代表し、世界に誇りうるサイクリングルート」を認定する制度である。自転車活用推進法制定に基づいて 2018（平成 30）年に決定した自転車活用推進計画中にある「日本を代表し、世界に誇りうるサイクリングルートについて国内外へ PR を図るため、ナショナルサイクルルート（仮称）の創設に向けて、インバウンドにも対応した走行環境や、サイクリングガイドの養成等受入れ先として備えるべき要件、情報発信の在り方等について検討する」を受けて、2019 年に導入された。同項の繰り返しになるが、この第１回の指定を受けたのが、「しまなみ海道サイクリングロード」、」「つくば霞ケ浦りんりんロード」と「ビワイチ」の三つである。

この３ルートはいわば「お手本」である。世界のサイクリストを迎え入れるには、今後も国際水準を満たすレベルの自転車道の整備が望まれる。

道の駅とみなとオアシス

今や、ドライバーだけではなく、広く国民一般に知られるようになった「道の駅」は、国土交通省の管轄になる国の制度である。

国土交通省（制度開始は建設省）により登録された商業施設、休憩施設、地域振興施設などが一体となった施設が道の駅だ。設置は、各自治体と道路管理

者が連携して行っている。道路利用者のための「休憩機能」、道路利用者および地域住民のための「情報発信機能」そして道の駅を核として、その地域間での連携をする「地域連携機能」の三つの機能を持っている。2018（平成30）年4月25日現在で全国1,145個所ある。

　この道の駅にもサイクルステーションを設置する動きがみられる。たとえば「北陸「道の駅」」では、約80ある道の駅のうち、半数が、サイクルステーションを設けている。サイクルステーションでは、シャワーや温泉を有している場合もあるが、だいたいは、サイクルスタンドの設置や、空気入れや工具の貸し出しを行っている。また、すでに述べたが、「しまなみ海道」沿線にある道の駅には、レンタサイクルターミナルが多数ある。

　「みなとオアシス」は、「道の駅」ほどポピュラーではないが、これもまた、国土交通省の各地方整備局で登録される施設・地区である。

　港は元来、人や物が交流する拠点であったが、近年は単なる物流のみの拠点となっていた。2003（平成15）年、国土交通省中国地方整備局・四国地方整備局が「みなとオアシス」制度を創設した。市町村や港湾管理者、NPO法人などの団体が「みなとづくり」と「まちづくり」を連携させて、「みなとまちづくり」を目指したものである。この中国・四国地方の活動が契機となって、他の地方整備局でもみなとオアシス制度が創設された。

　国土交通省が掲げたみなとオアシスの概要では、その運営団体として、「港湾管理者、市町村、NPO団体ほか」を挙げ、また、登録要件も掲げている。以下、引用して記す。

- 地域住民や観光客が交流可能な空間を有していること
- 地域情報・観光情報を発信する機能を有していること
- 適切な管理運営が行われていること
- イベントの実施等みなとの賑わいを作り出す活動が地域住民参加の下で継続的に行われていること

第Ⅳ章第2節「尾道市」の項で紹介した、「ONOMICHI U2」が、「サイクリングポートみなとオアシス尾道」内の一施設であるように、サイクリストのメッカであるしまなみ海道が始まる尾道から愛媛県には、レンタサイクル事業を行っているみなとオアシスがいくつかある。

（3）サイクルツーリズムへの期待

　日本の交通インフラは充実しており、観光インバウンドに非常に有利な環境にある。しかしながら、欧米などに比べると自転車道をはじめとする自転車環境の整備は非常に遅れている。

　上記の、自転車活用推進法の施行は、日本で初めて「自転車のあり方」を理念としてまとめた画期的な法律と言えるだろう。これが求められた最大の理由を簡単にまとめれば、自転車は、①環境への負荷が少なく、②乗る者の健康を増進し、③交通渋滞を起こさず、④災害時にも活用でき、⑤交通死亡事故が減少する、ということになるだろう。加えて、観光立国を掲げる現在、インバウンドの増加を図るなかで、自転車環境の整備は、観光産業も活気づけるとみなされていることは、上掲の15の基本方針で示したとおりだ。自転車推進法が今後は「自転車活用推進計画」で具体化し、安全で快適で、かつ観光においても集客につながり、地域が活性化することが、強く望まれる。

　観光に特化して述べよう。**体験型観光**および**着地型観光**として**電動シェアサイクル**などを活用した**サイクルツーリズム**が日本全体の観光周遊のコンテンツとなれば、**観光エリアの回遊性の問題**が解決される。さらに、**サイクルツーリズムによる各地域の広域連携**が可能となり、地域経済が連携することで**広域経済活性化**につながるだろう。ニューツーリズムにおいては、消費者がSNSなどでその地域からの情報発信者となりうるということはすでに何度も述べた。自転車による旅行者の移動は、この情報発信をまさに「地続き」で行うことになるので、その量も、そして「実感度」が高いことから質の良さも望めるだろう。

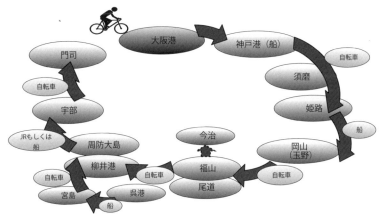

図6-3 「ツール・ド瀬戸内」案

(筆者作成)

こうして地域間の交流人口の増大と交流は、**観光消費額の増大**ともなろう。

日本には多数の「道の駅」「みなとオアシス」などの地域交流拠点が多設置されている。これらを今後は一層、都市間交流・地域間交流の拠点として役立てなければならない。筆者は2018（平成30）年に国土交通省近畿地方整備局に対して、地域間連携イベントとしての「ツール・ド・瀬戸内プロジェクト」（図6-3）を提案している。

2. 瀬戸内再生モデル

本章の終わりに、瀬戸内海エリアの観光の概況を確認したうえで、今後を展望する。

（1）瀬戸内海エリア概況

　図6-4からわかるように、2016（平成28）年の国内各地域における訪日外国人の1人1回あたりの旅行消費単価を見ると、第1位は関東エリアで7.1万円、第2位北海道6.6万円、第三位九州の5.0万円である。一方、瀬戸内海沿岸域エリアの中国地方は2.1万円、四国地方2.7万円であり、外国人観光客の対全国シェアで低位にとどまっている。今後は近畿も含む広域エリアでの魅力ある観光ルートづくりが必要である。

　瀬戸内海沿岸域の人口は、減少が続く見通しであり、訪日外国人を含めた観光周遊による交流人口増大は、当エリアの地域経済における維持発展に欠かせない条件だ。エリア内では、2016（平成28）年の広島県への欧米人の来訪比率は他の瀬戸内海沿岸域と比較すると非常に高く、全国的にみても欧米からの来訪の割合が高い。

　「瀬戸内・海の路ネットワーク推進協議会」（通称「海ネット」）は、瀬戸内海

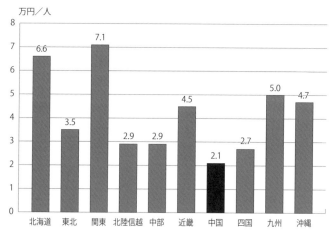

図6-4　外国人旅行者1人1回あたりの旅行消費単価（2016年）
（観光庁「訪日外国人消費動向調査」に基づき筆者作成）

域全体の振興と発展を図ることを目的として、1991（平成3）に設立された。11府県と107の市町村の会員と、いくつかの国土交通省地方機関局で構成されている。2011（平成23）年に、それまで行政機関のみの活動であったところに民間企業も加わり、瀬戸内の新たな賑わいを創出するために、同協議会に、「海ネットサポーター」が制度化された。「海ネットサポーター」の主な役割は、情報発信である。当然、行政側の会員とも連携し、瀬戸内のブランド化に向けた地域振興の取り組みに対してサポートする。2018（平成30）年3月時点で、「海ネットサポーター」は、設立当初の55団体から現在85団体となっている。

　「海ネット」は、上記の取り組み以外にも、クルーズ振興が観光において重要な課題となるなかで、瀬戸内海や瀬戸内海を囲む様々な港や地域で、瀬戸内海独自の魅力を発信し続けている。そして、「エーゲ海やカリブ海などに並ぶブランド力の高いクルーズの海になることを目指す」ために2018（平成30）年には、「瀬戸内海クルーズ推進会議」設立を予定している。

（2）課題

　瀬戸内エリアの観光消費単価が全国平均より低いことは、広域観光周遊ルートの確立と新しい観光コンテンツの開発が必要であることを表している。そのためにも、瀬戸内海におけるクルーズの改善・振興や、サイクルツーリズムのさらなる誘致などで、滞在期間と移動距離をのばすことが重要である。現在すでに、瀬戸内海地域でも、神社・寺院や自然（景観）などの名所旧跡を巡る従来型の旅行スタイルに変わり、しまなみ海道に見るサイクルツーリズム、またそれ以外にも、エコツーリズム、グリーンツーリズムなどのニューツーリズムが成長している。

　今以上に瀬戸内海のブランドを世界に発信するためには、訪日外国人が多く訪れる大阪から始まる、1府（大阪）7県（兵庫県、岡山県、広島県、山口県、愛媛県）の広域連携が必要である。ここまで何度も述べた「第2ゴールデンルー

ト」の確立である。そして、各都市を通過型観光都市としないためにも、各地域では体験型観光コンテンツを確立し、地域間では連携してリピーターを獲得しなければならない。

地域間連携を語るためには、**地域間競争**を考える必要があるだろう。

地域間競争は、それが行われることで他との差別化がなされ、個性ある地域が創出され、各地域の成長をより一層促進する。一見すると、「地域間連携」は「地域間競争」と対を成す概念のように思われるが、この二つは**並立可能である**と考える。競争によって**新しいアイデアが創出**され、それが情報となり多くの地域に発信される。つまり点（アイデア）が線（連携）となってつながっていくのである。

瀬戸内海沿岸域もまた、この**競争と一体化（連携）を同時に行う**ことが重要である。魅力ある水辺の空間を、周辺地域が一体となり演出することで、地域間競争が新しい産業を創出することになるだろう。その基本となる**自然環境の保全は必須**だ。今後、海沿岸域における**水質や環境のより一層の改善と自然回復**もまた重要な課題である。

（3）「松本モデル」で見る瀬戸内再生

最後に、瀬戸内海海岸地域を、第Ⅳ章第一節に示した四つの旧港再生モデル「松本モデル」からとらえ直してみたい。「松本モデル」をここに再掲する。

「松本モデル」

①創造都市的戦略

　　アートや歴史を活かして雰囲気をつくる。旧港には古い歴史・文化が残っており、その個性を活かすことは優れた創造都市的戦略である。

②回遊性・モビリティ向上戦略

　　旧港の再生を考える場合のもう一つ解決しなければならない課題は、

観光の「足」、すなわち「回遊性」の問題である。旧港地域はもともと、物流の機能に純化した地域であり、人間の移動、特に公共交通は弱いか存在していないことが多い。回遊性の弱さは、観光開発をする上で致命的でさえある。この弱点を克服するために、個人公共交通ともいうべき、超小型モビリティ、たとえば2人乗り程度の超小型モビリティを導入するところが実際に増えてきている。超小型モビリティEVの中には、原付免許で運転できるものもあり、また国交省が、観光・地域振興だけではなく、環境面や渋滞問題解消のために、使用する組織に対する補助金の支給などで応援しており、導入を促進している（松尾2015など）。

③旧港再生における港湾行政と都市計画行政の融合

　「地域地区」とは、都市計画法に規定された21種類ある地区のことで、「臨港地区」はその一つだ。港湾区域に接し、その区域と一体となって機能する陸の区域が臨空地区であり、旧港は臨港地域である。そして、地域地区と指定された区域では、建築物の用途や高さなどが制限される。したがって、旧港地区を観光や創造都市政策で再生するためには、港湾行政と都市計画行政の間での調整が常に生じる。

④旧港再生のためのコミュニティ理論＝地元中心の着地型観光をめざす

　なぜ旧港は地域再生のてがかりとして有望なのか？　それは古いコミュニティがあり、地域愛があるので、あとは新しいアイデアを受けいれる開放性があれば、現代的なソーシャルキャピタルが豊富な地域となり（塩沢・小長谷編2007、2009）、みんなが協力して地域活性化が進みやすい条件がそろうからである。また、民間企業が主体となる、地元型観光＝着地型観光がこれからの流れであり、そのための着地型組織が重要となる。

「瀬戸内芸術祭」はまさに①に相当するだろう。

「しまなみ海道」や「ONOMICHI U2」などのサイクルツーリズムの隆盛、それに商船三井グループ、両備グループそして常石グループの事例で見た、そ

れまで物流のみに使用していた交通路を観光に活用しての回遊性の向上は、いずれも②に当てはまるだろう。

③は、瀬戸内海沿岸域での港湾行政と都市計画行政のことでもある。

④はどうか。なぜ瀬戸内海沿岸域は地域再生のてがかりとして有望なのか。それは、瀬戸内海沿岸域には由緒ある**神社・寺院**、それに**船員文化**が残り、コミュニティが存在するからだ。また、ここには、日本の物流・航海の大動脈であった**瀬戸内海の物語**がある。そしてそれらを発信し、展開していく DMO にも期待が持てる。ここ瀬戸内海は、様々な可能性を秘めた「**創造的内海**」である。

参考文献

明石芳彦・中本悟・小長谷一之・久末弥生訳 国際貿易開発会議（UNCTAD）著（2014）『クリエイティブ経済』ナカニシヤ出版。

新井直樹（2017）「インバウンド観光と地域振興」『地域政策研究』第 19 巻第 3 号。

安藤三郎（2004）「地域の再生と観光ビジネス」『四国大学経営情報研究所年報』10 号。

石渡雄士（2006）「近世横浜村を基層とした近代港町横浜の都市形成に関する研究」『日本建築学会学術講演梗概集』。

井徳正吾（2013）『マーケティングコミュニケーション企業と消費者・流通を結び、ブランド価値を高める戦略』すばる舎。

井上晶子（2011）「観光地形成におけるメディア活用に関する視点」『第 26 回日本観光研究学会全国大会学術論文集』日本観光研究学会。

石見利勝・田中美子（1992）『地域イメージとまちづくり』技報堂出版。

浦城均（2015）「大阪産品の地域ブランド化戦略——ワインを例として——」『創造都市研究 e』10 巻 1 号（大阪市立大学大学院創造都市研究科電子ジャーナル）。

エネルギア地域経済レポート（2017）「中国地域の観光産業の課題——ヒアリング結果を中心に——」No.515。

大社充（2013）『地域プラットフォームによる観光まちづくり マーケティングの導入と推進体制のマネジメント』学芸出版社。

大阪市港湾局編（1957）『大阪港のあゆみ』大阪市。

大津正和（2010）「地域イメージの規定因——和歌山県の地域イメージとその規定因に関する消費者調査結果をもとに——」『和歌山大学観光学部紀要 観光学』第 3 号。

大津正和（2009）「新たな目的地マーケティングの可能性——様な消費者ニーズに対応するテーマ別広域観光情報提供への試み——」『経済理論』351 号。

大淵三洋（2009）「わが国の国際観光のインバウンド側面に関する若干の考察——中国との関係を中心にして——」『日本国際観光学会論文集』第 16 号。

岡本哲志・日本の港町研究会（2008）『港町の近代 門司・小樽・横浜・函館を読む』学芸出版社。

神樹兵輔（2012）『現場で使える！コトラー理論』日本文芸社。

神吉晃大・小塚みすず（2017）「ウォータフロント開発による地区の変遷——神戸ハーバーランド地区を対象として——」『日本都市計画学会関西支部研究発表会講演概要集』15 巻。

観光白書（2018 年度）国土交通省観光庁編。

近畿都市学会編（2014）『都市構造と都市政策』古今書院。

国枝よしみ（2011）「持続可能な観光の実現に向けて──潜在顧客の観光地の環境・地域経済・住民に対する意識地域情報によるイメージ戦略の可能性について」『第 26 回日本観光研究学会全国大会学術論文集』日本観光研究学会。

古倉宗治（2013）「自転車活用によるまちづくりとしての創造的観光──主体的・健康的・エコ的観光と学習の場の提供──」『土地総合研究』。

兒玉剣・十代田朗・津々見崇（2015）「我が国における広域的サイクルツーリズム推進の実態に関する研究」『都市計画論文集』Vol.50、No.3。

小長谷一之（2005）『都市経済再生のまちづくり』古今書院。

小長谷一之・北田暁美・牛場智（2006）「まちづくりとソーシャル・キャピタル」『創造都市研究』大阪市立大学大学院創造都市研究科紀要』1（1）。

小長谷一之・竹田義則（2010）「サスティナブル観光と観光要素論・リーダー論──奈良県の事例を中心に」『日本観光研究学会全国大会学術論文集』25。

小長谷一之・吉川浩（2010）「まちづくりにおいてマネジメントはなぜ重要か（都市と経済学──経済学的視点からの都市政策の考察）『新都市』64（8）。

小長谷一之・竹田義則（2011）「観光まちづくりにおける新しい概念・観光要素／リーダーモデルについて」『観光研究論集』（10）大阪観光大学観光学研究所年報。

小長谷一之・福山直寿・五嶋俊彦・本松豊太（2012）『地域活性化戦略』晃洋書房。

小長谷一之（2014）「都市経済論・都市空間論からみた創造都市──構成的創造都市論──」『創造都市研究』第 10 巻第 1 号（通巻 15 号）。

小松重敬編（2015）『最新エリアマネジメント 街を運営する民間組織と活動財源』学芸出版社。

小松秀雄（1995）「生田祭の社会学的研究(2)──三宮地区の地域特性と祭りの実践方法」『詩集』42（1）。

崔龍文（2010）「訪日中国人観光客の観光行動──団体パッケージツアーの事例分析を通じて──」『2011 年度日本地理学会春季学術大会』

酒井光雄・武田雅之（2013）『成功事例に学ぶマーケティング戦略の教科書』かんき出版。阪岡裕貴（2013）「集客戦略による地域再生と地域ブランド──新世界・天王寺動物園エリアを事例として──」『創造都市研究 e』8 巻 1 号（大阪市立大学大学院創造都市研究科電子ジャーナル）。

佐々木茂・石川和男・石原慎士（2014）『地域マーケティングの核心──地域ブランドの構築と支持される地域 づくり──』同友館。

定平誠・斎藤忍・松浦克樹（2012）「ソーシャルメディアによる地域コンテンツのイメージ戦略とブランド化〜埼玉のブランディング力向上をめざした地域活性化計画〜」『尚美学

園大学芸術情報研究』21。

真田達也（2003）「都市型観光」『研究の進展』41。

澤木昌典（2015）「柔軟性のある公共空間の活用の方向性——「公益」と「私益」のマッチング」『都市計画』64 巻 5 号。

塩沢由典・小長谷一之編著（2007）『創造都市への戦略』晃洋書房。

塩沢由典・小長谷一之編著（2009）『まちづくりと創造都市 2 地域再生編』晃洋書房。

ジェイン・ジェイコブス、中村達也訳（2012）『発展する地域　衰退する地域 地域が自立するための経済学』筑摩書房。

篠原靖（2016）「日本が抱える課題への観光的対応——求められる観光による新たな日本再生ビジョン——」『跡見学園女子大学　観光コミュニティ学部紀要』第 1 号。

清水李太郎・坂井猛（2016）「ベルギーの広域的サイクルツーリズム圏形成に関する研究」『都市・建築学研究　九州大学大学院人間環境学研究院紀要』第 30 号。

須栗大（2015）「観光産業を中心とした地域活性化に関わる研究の現状」『中央学院大学経営学部 研究紀要』第 22 巻。

鷹取泰子・佐々木リディア（2018）「北海道の農山村におけるインバウンド旅行者向けのサイクル・ツーリズムに関する予察的調査」日本地理学会秋季学術大会、和歌山大学。

竹田茂生・陳那森（2012）「観光アートの現状と展望」『関西国際大学研究紀要』第 13 号。

立見淳哉（2006）「産業集積地域の発展におけるローカルな慣行」『創造都市研究：大阪市立大学大学院創造都市研究科紀要』第 2 巻第 1 号。

田中洋（2014）『1 ワード 3 分でわかる！基本から最新までマーケティングキーワードベスト50』ユーキャン自由国民社。

田中洋（2015）『消費者行動論』中央経済社。

DIAMOND ハーバード・ビジネス・レビュー編集部編・訳（2005）『いかに「サービス」を収益化するか』ダイヤモンド社。

中瀬勝義（2016）『ゆたかで楽しい　海洋観光の国へ、ようこそ！』七つ森書房。

中野明（2011）『今日から即使えるコトラーのマーケティング戦略 54』朝日新聞出版。

中村篤・坂田圭子（2011）「地域情報によるイメージ戦略の可能性について」『第 26 回日本観光研究学会全国大会学術論文集』日本観光研究学会。

中村哲（2008）「沖縄のデスティネーションイメージの測定」『敬愛大学研究論集』73。

並木亮諭（2018）「DMO（観光目的地マネジメント組織）に関する地域経営の視点からの分析」『創造都市研究 e』13 巻 1 号。

成田勝彦・菊池義治（2018）「地方都市の移動手段としての自転車の可能性——GIS による到達可能エリア分析から——」『日本都市計画学会関西支部研究発表会講演概要集』16 巻。

野田邦弘（2018）『文化政策の展開——アーツマネジメントと創造都市——』学芸出版社。

ノルベルグ・シュルツ、加藤邦男訳（1973）『実存・空間・建築』SD 選書。

朴善姶（2011）「観光地におけるマネジメント情報共有のイニシアティブに関する考察」『第26 回日本観光研究学会全国大会学術論文集』日本観光研究学会。

原田賢二・古屋秀樹（2011）「SERVQUAL 手法を用いた宿泊利用者の満足度評価構造に関する基礎的分析」『第 26 回日本観光研究学会全国大会学術論文集』日本観光研究学会。

古屋秀樹・劉瑜娟（2016）「潜在クラス分析を用いた訪日外国人旅行者の訪問パターン分析」『土木学会論文集 D3（土木計画学）』Vol.72, No.5。

古屋秀樹（2017）「訪日外国人旅行者の訪問パターンと利用交通手段との関連性に関する基礎的研究」『土木計画学研究・講演集』Vol.55, 2017.6。

古屋秀樹・岡本直久・野津直樹（2017）「GPS ログデータを用いた訪日外国人旅行者の訪問パターンの分析手法の開発」運輸政策研究、早期公開版 Vol.20。

堀野正人（2005）「都市内港部の空間における観光対象化の諸相」『奈良県立大学研究季報』第 15 巻第 4 号。

正木聡（2011）「観光メディアとしての月刊雑誌から見る 1940 年の観光者行動について『第26 回日本観光研究学会全国大会学術論文集』日本観光研究学会。

松尾高英（2015）「超小型モビリティの展開と観光地振興の可能性」『創造都市研究 e』10 巻1 号（大阪市立大学大学院創造都市研究科電子ジャーナル）。

松本勝那・古川和典（2001）「讃岐・引田の空間構成と祭礼諸相に関する研究」『明治大学科学技術研究所紀要』40(8)。

松本英之（2015）「神戸——港のまちづくり」『21 世紀型まちづくり研究 14：次世代型都市・地域づくり方策（21 世紀型まちづくり研究会報告書14）』21 世紀型まちづくり研究会編。

松本英之（2016a）「旧港・新港モデルにもとづく港まち再生戦略」『都市経済・地域政策』12号。

松本英之（2016b）「旧港再生モデルにもとづく港まち再生のイメージ戦略と地域マーケティング」『創造都市研究e』11 巻 1 号。https://creativecity.gscc.osaka-cu.ac.jp/ejcc/article/view/752

松本英之（2017）『女子力・シニア力活用の勝つマーケティング』三省堂、セルバ出版。

松本英之（2018a）「ウォータフロント開発 No.35」一般社団法人ウォータフロント協会。

松本英之（2018b）情報誌『港湾』公益社団法人日本港湾協会（1 年間執筆）。

真鍋宗一郎（2013）「回遊型飲食イベント（バルイベント）の集客メカニズムについて」『創造都市研究 e』8 巻 1 号（大阪市立大学大学院創造都市研究科電子ジャーナル）。

丸山一彦（2007）「顧客満足活動の課題に関する一考察」『富士短期大学紀要』第 42 巻。

三ツ木す浩（2008）「大阪ベイエリアの観光資源化とデスティネーション・マーケティングの必要性について —— 大阪南港を中心に —— 」『埼玉女子短期大学研究紀要』第 19 号。

村上和夫（2011）「「ストーリーテリング」を構築する主体について」『第 26 回日本観光研究学会全国大会学術論文集』日本観光研究学会。

村田武一郎（2001）「地域創造へのアプローチ（4）地域発展の構図と視点 —— 大阪湾沿岸域の歴史過程から学ぶ —— 」『奈良県立商科大学「研究季報」』第 11 巻第 4 号。

森隆之（2017）『市民の港 大阪港一五〇年の歩み —— 大阪港は市民のたからもの —— 』晃洋書房

八坂和吏・大方優子・吉田健一郎・藤田有佑・鈴木美緒（2017）「自転車を活用したまちづくりに関する研究 —— サイクルツーリズム向けの情報提供のあり方について —— 」春季全国研究発表大会、法政大学市谷キャンパス。

八坂和吏・大方優子・吉田健一郎・藤田有佑（2016）「サイクルツーリズムに関する一考察」秋季全国研究発表大会、立命館大学大阪いばらきキャンパス。

安島博幸（2011）「観光価値の増員要因に関する理論的考察」『第 26 回日本観光研究学会全国大会学術論文集』日本観光研究学会。

安原智樹（2009）『マーケティングの基本』日本実業出版社。

横浜タイムトリップ・ガイド制作委員会編（2008）『横浜タイムトリップ・ガイド』講談社。

矢部拓也・野続祐貴（2016）「北海道におけるインバウンドを活かした健全な地域形成とはなにか？ —— 外国人富裕層向けツアーコンシェルジュのライフヒストリー：夏の北海道ニセコ地区、空知地区・美唄市でのサイクルツーリズム立ち上げを事例として —— 」『徳島大学社会科学研究』第 30 号。

山田雄一・外山昌樹（2011）「観光地における顧客のロイヤリティ意識形成に関する定量的アプローチ」『第 26 回日本観光研究学会全国大会学術論文集』日本観光研究学会。

山本裕一郎・根木佐一（2014）「中国人観光客誘致戦略モデルの構築」『東海大学紀要情報通信学部』Vol.7, No.2。

横山陽二（2015）『地域プロデュース入門 元気な地域はこうして創る』中日新聞社。

李昌訓（2002）「ハウステンボス観光イメージ調査分析 —— 韓国の新世代大学生中心に —— 」『長崎国際大学論業』第 2 巻。

リチャード・フロリダ、小長谷一之訳（2010）『クリエイティブ都市経済論』日本評論社。

愛媛県ホームページ https://www.pref.ehime.jp（最終閲覧日（以下同）2019.6.10）

大阪府ホームページ www.pref.osaka.lg.jp（2019.7.11）

岡山県ホームページ http://www.pref.okayama.jp（2019.6.10）

尾道市ホームページ　https://www.city.onomichi.hiroshima.jp（2018.10.23）

香川県ホームページ　https://www.pref.kagawa.lg.jp（2019.7.11）

北九州市ホームページ　https://www.city.kitakyushu.lg.jp（2019.6.10）

倉敷市ホームページ　https://www.city.kurashiki.okayama.jp（2019.6.10）

神戸市ホームページ　https://www.city.kobe.lg.jp（2019.6.10）

国土交通省観光庁ホームページ　https://www.mlit.go.jp/kankocho/（2019.9.2）

国土交通省四国運輸局ホームページ　https://wwwtb.milt.go.jp.shikoku（2019.9.2）

国土交通省港湾局ホームページ　http://www.mlit.go.jp/kowan/index.html（2019.4.26）

首相官邸ホームページ　https://www.kantei.go.jp（2019.6.10）

一般社団法人せとうち観光推進機構ホームページ　http://www.setouchitourism.or.jp

せとうちDMOホームページ　http://setouchitourism.or.jp/ja/（2019.7.26）

瀬戸内国際芸術祭ホームページ　http://setouchi-artfest.jp（2019.7.26）

全国サイクルツーリズム連携推進協議会ホームページ　roots-sports.jp/service/consulting/cycletourism/（2019.7.26）

常石ホールディングス株式会社ホームページ　https://www.tsuneishi-hd.com（2018.10.23）

徳島県ホームページ　http://wwwtb.mlit.go.jp/shikoku（2018.10.23）

日本銀行広島支店　http://www3.boj.or.jp/hiroshima/（2018.10.23）

日本政府観光局ホームページ（JNTO）　https://www.jnto.go.jp（2019.6.10）

廿日市市ホームページ　https://www.city.hatsukaichi.hiroshima.jp（2019.7.11）

兵庫県企画県民部ビジョン局統計課ホームページ　https://web.pref.hyogo.lg.jp/org/vision/index.html（2019.7.11）

兵庫県ホームページ　https://web.pref.hyogo.lg.jp（2019.6.10）

姫路市ホームページ　https://www.city.himeji.lg.jp（2019.6.10）

広島県ホームページ　https://www.pref.hiroshima.lg.jp（2019.6.10）

株式会社フェリーさんふらわあホームページ　https://www.ferry-sunflower.co.jp（2019.6.10）

本州四国連絡高速道路株式会社ホームページ　https://www.jb-honshi.co.jp/（2019.6.10）

松山市ホームページ　https://www.city.matsuyama.ehime.jp（2019.6.10）

一般社団法人港まちづくり協議会大阪　http://minatomachi-o.jp/（2019.6.10）

山口県ホームページ　https://www.pref.yamaguchi.lg.jp（2019.6.10）

両備ホールディングスホームページ　https://www.ryobi-holdings.jp（2019.6.10）

TOUR de TOHOKU 2019 ホームページ　https://tourdetohoku.yahoo.co.jp/2019/info/about/

おわりに

　世界はグローバル経済と ICT の進化により、情報のネットワーク化が進み、「時間」「空間」が短縮され、「ヒト」と「モノ」の流れがより一層加速された。国家間の競争が激化する中、特にアジア諸国は著しい成長を見せ、今後も大いに発展することが考えられる。国家間だけでなく、世界の都市間の競争も激しさを増している。また競争の一方で、世界全体が、観光やイベント、会議などを行うことで、都市間交流の機会も増えている。世界の主要なメンバーが集う MICE（Meeting、Incentive、Conference または Convention、Exhibition または Event の略）は国家間のネットワーク構築と新しいビジネスチャンスを生み、MICE 自体が開催地域周辺に大きな経済効果をもたらす。国内における地域間競争は地域間連携を生み、多大な経済効果と様々なイノベーションが期待される。

　人口減少・人口高齢化が顕著となり、東京一極集中・都心回帰が進む中で、地域活性化が重要な課題である今、日本は観光立国を実現しようとしている。

　世界を見れば、フランス、イギリス、スペインなどは、観光立国化することで自国の文化、ファッション、食などが注目され、新しいビジネスチャンスを創出している。一国の文化はその全国に偏在する。観光が地域経済活性化の重要な産業であることは、世界的に認知されている。

　現在日本においても、インバウンドは経済の活性化に寄与しているが、さらに日本政府は、2030（令和 12）年に 6,000 万人の観光客の目標を掲げている。

　我が国は陸、海、空すなわち鉄道（駅）、道路、船（港）、航空機（空港）すべてにおいてインフラが整備され、その拠点は商業施設化している。今後、より一層の整備が進めば、世界からの来訪者に対してさらなる顧客満足を提供することができるだろう。そして公共交通機関は、労働人口・若者人口の減少下にあって、通勤通学の軌道交通中心のインフラ機能から、ニューツーリズムお

よび着地型観光のインフラ機能への転換で、公共交通そのものが観光コンテンツとなる時代になってきた。これは見方を変えれば新しいビジネスチャンスでもある。

　観光はサービス産業でもあり、マーケティングでもある。観光が盛り上がれば、地域雇用を呼ぶだろう。高齢者の雇用、女性の活躍、若者のＩターン・Ｕターンへとその効果は波及する。また、観光がマーケティングであるならば、消費ニーズによる次なるマーケットが創出され、企業は新しいシーズの育成、または新しいアントレプレナーの出現が可能となる。そしてさらなる雇用が創出され、地域全体が活性化し、「まちづくり」に観光が役立つコーズ（大義）が成立する。

　また、地域活性化は、その過程で、多様な人材の創出があり、イノベーションがある。これは本文中、瀬戸内海地域のDMOやさまざまな新しい観光コンテンツにおいて確認した。

　交流人口の増加で地域を活性化させようとする場合、そのエリアの持つ風土や環境は大きく影響する。人々の個性や能力を引き出し、地域資源を活用した魅力ある都市を形成するためには、R. フロリダの提唱する3T（Talent, Technology, Tolerance）が有用である。創造的環境（ミリュー Milieu）からこの3Tを照射すると、その中でも Tolerance（寛容性）が重要だろう。たとえば、日本の港と港町は、かつて他の都市との「ヒト」「モノ」の往来する「場」であり、その歴史文化が放つ混沌とした雰囲気が環境（Milieu）そのものとなり、多様性を受け入れてきた。そしてその寛容性を、今も備えている。

　現在、訪日外国人観光客（インバウンド）が多く訪れる主要ルートは、〈東京－箱根－富士山－京都－大阪〉である。観光マーケティングの観点からみれば、外国人観光客に何度も来日してもらい、かつ満足してもらうには、より一層魅力的な観光ルートの開発が必要である。

小長谷ほか（2012）は、観光の3要素を「見る」「買う」「食べる」とした。筆者は、この3要素を自身に取り込んだうえで、ここに体験型観光を表す「する」を加えて4要素とし、さらには、SNSによる「つながる」を追加して「松本5要素」も案出した。そしてこれらの概念を用いて、日本各地の観光、またこれからの観光をとらえる試みを行った。

　そこで、筆者が提唱するのが「第2ゴールデンルート瀬戸内」の確立である。日本最大の閉鎖性内海である瀬戸内海で、関西国際空港を拠点にしての「FLY＆クルーズ」、大阪駅拠点の「RAIL＆クルーズ」が実現すれば、訪日外国人観光客は、瀬戸内海沿岸の景観を通して「歴史」「文化」「食」が体験できる。このプランは、上の5要素を満たすに足りうるだろう。また、港・港町が点在するこのルートには、上述したToleranceがある。

　そしてこのルートの確立は、観光客の移動距離の増加が期待できる。移動距離の増加は、必然的に観光消費額の増加につながる。そして、滞在日数の増加も観光消費額を増大させる。より一層魅力的なプランの提示によってリピーターの確保も可能だ。「**第2ゴールデンルート瀬戸内**」は、**日本経済再生のキラーコンテンツ**にさえなりうる。大阪を出発点とすることで、西日本全体を巻き込み、同時に瀬戸内海沿岸では従来の第一次産業と第二次産業に加え、観光マーケティングというサービス業が確立し、多種多様な人材が集積することが予想されるからだ。

　今、「第一次産業」と書いた。本書中で取り上げた各都市の特徴の中で、筆者が努めて言及したのが、**その土地の特産物、すなわち農業および漁業**である。筆者が考える地域活性化とは、**観光がもれなく、その土地の農業・漁業を再生あるいは活性化させる**ことである。**第一次産業の次世代従事者の問題、観光と農水産業との有機的な連結**など、その実証的研究は、筆者の今後の課題の一つである。

　塩沢・小長谷編（2007）は、創造都市の経験をふまえその創造性を発揮する

ことで成功した都市では、「都市空間」「人材」「アート」「サイエンス」「ビジネス」など、都市を構成する要素の相互作用によって、そこに互酬性（win-winの関係）がある、と述べる。そして創造都市政策の段階を、「空間の創造」「人の創造」「知の創造」「産業の創造」という四つのレベルでとらえている。

　筆者もまた、創造都市研究に従事してきたが、瀬戸内海沿岸の地域は、本文中にも述べた、旧港を再生するための四つの「松本モデル」（①アートや歴史を活かす創造都市的戦略、②観光二次交通導入による回遊性モビリティの向上、③港湾行政と都市計画行政の融合、④伝統的コミュニティを活用した着地型組織の重視）からとらえた場合、上述した小長谷の「成功した都市」にすでに近いと考えている。そしてその可能性から瀬戸内海沿岸地域を「創造的内海」と呼びたい。「第2ゴールデンルート瀬戸内」が持つポテンシャルは計り知れない。

　新型コロナウィルスの感染拡大により、東京オリンピックとパラリンピックが2021年7月23日に開会、同年8月24日開会と1年延期されることになった。現在、新型コロナウィルスの感染拡大は、世界規模で予断を許さない状況であり、それは間違いなく世界全体の産業を衰退させてもいる。

　ウィルスは「ヒト」「モノ」の流れを止めるだけでなく、消費が「モノ」から「コト」へと変化する中、多くのイベントの中止を余儀なくさせている。本来、文化や芸術、スポーツ、エンタテインメントは我々の生活に不可欠なものである。旅や観光もしかり。そして旅・観光の重要なコンテンツがその土地の文化や芸術である。

　今般のコロナ禍は、グローバル経済の負の側面として、我々の新たな教訓となる。しかし今後も、新しいビジネス、文化、芸術、ライフスタイル等の創出は、人と人との交流の「場」が重要である以上、コロナ禍を経たあとも、その形は変わるかもしれないが、グローバル経済以外の選択は難しいのではないだろうか。

　実際に新しい形態として、企業のテレワークは拡大している。さらには、医

療の問題など解決しながら、大都市圏集中型から地方分散型への転機になり、地方創生への転換点となることも考えられる。

　テレワークは、決まった作業、シンプルな会議やメッセージであればICTを活用し代替は可能である。しかし、新しいアイデアすなわち創造性には、コミュニケーションの「場」が重要である。

　野田（2018）は、創造性の構成要素として、「知識・思考スタイル・個性・動機・環境・複合要素が挙げられるが（Lubart）、重要なことは、立場や興味を異にする人々が集まるカフェのような場所での議論の中から生まれることがより多いことが分かっている」と述べる。また、ノルベルグ・シュルツは、「「場」は抽象的な「位置」以上の何かを意味しており、物理的な実態か形状等を持つ具体的なものから構成されたものであり、「実存的空間」である、つまり、「環境的性格」＝「雰囲気」が形成される」と言う。

　また、筆者がテレワークの反対側に見るものは、近代化・都市化により失われた神社、仏閣、祭などにあったコミュニケーションの「場」と地域の「絆」である。人と人が会うことで世の中が成立していたのである。

　コロナ後の具体的な世界像は見通しが立てにくいが、少なくとも今後は、AIやICT、AR（拡張現実）やVR（仮想現実）などの先端技術の革新の波とその一方で、SDGs（Sustiable Development Goals）に基づく自然回帰および環境重視の新しい潮流が加速するだろう。そうした中で、「場」の重要性・必然性が明確になると筆者は考える。

　ますます複雑化していくであろう世界の中で、観光や街づくりはどうあるべきか、課題は尽きない。

謝　辞

　本書は、大阪市立大学大学院小長谷一之教授のご指導により書き上げた修士論文をもとに執筆したものです。入学から現在に至るまで、筆者の研究に親身な激励とご指導頂いた同氏に心より感謝申し上げます。

　本研究は、筆者が大阪ベイエリアでの地域活性化に従事（参画）する中で、実践してきた活動をもとにまとめたものです。また筆者は、皆様のご協力により、これらの実践が認められ、2016 年に国土交通省港湾局長賞を受賞し、同年みなとまちづくりマイスター（一般社団法人ウォータフロント協会）を拝命致しました。心より感謝申し上げます。さらにその後、こうした活動および研究が大阪港（大阪市港区）から瀬戸内海エリアへと連携拡大し、その活動の輪を拡げつつあります。地域間連携や交流により、交流人口の増大を目指し、地域経済のさらなる活性化につなげたいと考えております。

　平素より、一般社団法人港まちづくり協議会大阪の活動や筆者の学術研究を進めるにあたり、温かいご支援を賜る国土交通省港湾局近畿地方整備局、一般社団法人ウォータフロント協会、大阪市港湾局、大阪市港区役所、大阪市大正区役所、公益社団法人大阪港振興協会におかれましては、心より感謝申し上げます。また、地元大阪市港区の活動におきましては、地元企業や地元住民の皆様には常々ご協力・ご指導頂きまして本当にありがとうございます。

　そして最後になりましたが、本書の出版を引き受けて頂いた大阪公立大学共同出版会（OMUP）の、八木孝司理事長（大阪府立大学名誉教授）、上田純一常任理事（大阪府立大学名誉教授）と、事務局の児玉倫子様、編集の中村奈々様に心より感謝申し上げます。

令和 2 年 10 月吉日

松　本　英　之

著者略歴

松本英之 (まつもと ひでゆき)

1987年　関西大学卒業。大手証券会社に勤務。全営業マンの中で、3期連続トップセールスマンとなる。

1997年　中堅ゼネコンへ転職。営業企画・デザイン・現場を担当。

1999年　ゼネコンを退職し、株式会社サポートリンクを設立。飲食店顧問、商業施設開発、飲食店運営、私立大学学生会館における食堂物販をプロデュースする。

2012年　大阪市からの依頼で港区のまちづくりに参画する。

2015年　一般社団法人港まちづくり協議会大阪を設立。理事事務局長に就任。

　　　　大阪市よりベイエリアのブランディングおよびマーケティング事業を受託。

　　　　大阪市立大学研究補佐・教育助手としてCR副専攻（地域実践演習）を担当。

2016年　大阪市立大学大学院創造都市研究科都市経済・地域政策において、修士論文でMaster of the Yearを受賞。

　　　　大阪市立大学都市経営研究科特任教員に就任。都市再生まちづくりマーケティング論、都市経営論、都市政策地域経済課題演習を担当。

　　　　同大学CR副専攻では特任教員となり、引き続き地域実践演習、フィールドワークを担当。

　　　　国土交通省より国土交通省港湾局長賞受賞。

　　　　一般社団法人ウォーターフロント協会より、みなとまちづくりマイスター大阪港に任命。

2017年　財務省大阪税関より税関モニターに任命（2期連続）。

　　　　大阪港開港150年記念事業において、市民イベントおよびマーケティング全般をイベントプロデューサーとして大阪市港湾局より依頼。

　　　　大阪市立大学大学院創造都市研究科研究補佐・教育助手。

2018年　大阪市立大学CR副専攻（アゴラセミナー）教育助手。

　　　　大阪市立大学の組織改編により、同大学大学院都市経営科研究補佐・教育助手に就任。

　　　　都市再生まちづくりマーケティング論、都市経営論、都市政策地域経済課題

演習を担当。

大阪市港区役所政策アドバイザーに就任。

大阪市大正区役所政策アドバイザーに就任。

日本港湾協会「港湾」にて1年間コラムを担当。

一般社団法人港まちづくり協議会大阪が瀬戸内・海の路ネットワーク推進委員会サポーターに就任。

2020年　一般社団法人港まちづくり協議会大阪が大阪市港区委託事業「海とまちをつなぐ公民連携にぎわい創出事業」を受託。

【現在の職業・職務】

　株式会社サポートリンク社長。一般社団法人港まちづくり協議会大阪理事事務局長。大阪市立大学大学院都市経営研究科研究補佐・教育助手。同大学CR副専攻教育助手。一般社団法人ウォーターフロント協会みなとまちづくりマイスター大阪。大阪市港区役所政策アドバイザー。同市大正区役所政策アドバイザー。築港・天保山にぎわいまちづくり実行委員会事務局長。大正・港ものづくり事業実行委員会委員。

　上記のほか、大手IT関連会社や大手物流会社の経営顧問、また、大手自動車販売会社の政策顧問として、サービス事業部およびミュージアム部門を担当。事業会社および老舗飲食店の顧問多数。日本都市学会会員。日本観光研究学会会員。余暇ツーリズム学会会員。大阪市漁業協同組合による海の再生プロジェクトにも参画。

【著作】

「旧港再生モデルにもとづく港まち再生のイメージ戦略と地域マーケティング」『創造都市研究e』2016年11巻1号。

「旧港・新港モデルにもとづく港まち再生戦略」『都市経済・地域政策』2016年12号。
　https://creativecity.gscc.osaka-cu.ac.jp/ejcc/article/view/752

『女子力・シニア力活用の勝つマーケティング』セルバ出版／三省堂、2017年。

その他論文多数。

OMUP の由来
大阪公立大学共同出版会（略称 OMUP）は新たな千年紀のスタートとともに大阪南部に位置する 5 公立大学、すなわち大阪市立大学、大阪府立大学、大阪女子大学、大阪府立看護大学ならびに大阪府立看護大学医療技術短期大学部を構成する教授を中心に設立された学術出版会である。なお府立関係の大学は 2005年 4 月に統合され、本出版会も大阪市立、大阪府立両大学から構成されることになった。また、2006 年からは特定非営利活動法人（NPO）として活動している。

Osaka Municipal Universities Press (OMUP) was catablished in new millennium as an assosiation for academic publications by professors of five municipal universities, namely Osaka City University, Osaka Prefecture University, Osaka Women's University, Osaka Prefectural College of Nursing and Osaka Prefectural College of Health Sciences that all located in southern part of Osaka. Above prefectural Universities united into OPU on April in 2005. Therefore OMUP is consisted of two Universities, OCU and OPU, OMUP was renovated to be a non-profit organization in Japan from 2006.

マーケティングを活用した
　港まち再生と観光開発
　　―第 2 ゴールデンルート
　　瀬戸内「創造的内海」―

2020 年 10 月 31 日　初版第 1 刷発行

著　者　　松本　英之

発行者　　八木　孝司

発行所　　大阪公立大学共同出版会（OMUP）
　　　　　〒599-8531 大阪府堺市中区学園町 1-1
　　　　　大阪府立大学内
　　　　　TEL　072（251）6533
　　　　　FAX　072（254）9539

印刷所　　株式会社 遊 文 舎